藍色的心

信念改變我們的命運

盛噶仁波切 Singa（吉祥）——著

自序

這是一部關於快樂與痛苦、成功與失敗、放棄與選擇的書，也是我個人對於佛法和世界種種的心得與體悟。人人都想快樂地度過一生，但正經歷著輪迴之苦的我們，有誰能得到真正的快樂呢？

我們的世界裡裝滿了許多有百害而無一益的欲望，如對金錢、權勢等的過分追求，總是讓我們痛苦，使我們不快樂。到底有沒有殊勝的方法，能夠大大地改善我們的心態和境遇呢？當然有！唯一的殊勝方法就是佛法，只有佛法才能使我們的內心世界風平浪靜、安詳快樂。

總體而言，人生是痛苦的，但快樂也是相對存在的，有多痛苦或有多快樂，完全因人而異。比方說，某些人這一生所經驗的痛苦多一些，快樂自然少一點，反之亦然。但是爲什麼會產生這些差別呢？這就是佛法中關於因果律這一層的課題了。

釋迦牟尼佛在很多的經典中明示過，這一切都是因爲前世或更遠的往昔所造的因緣業力的不同，所以我們在今生中才會有差別。

《百業經》中說：『衆生之諸業，百劫不毀滅；緣會時至際，其果定成熟。』

《涅槃經》也說：『善惡之報如影隨形，三世因果，迴圈不失。』

那麼，我們可能讓自己的一生獲得最大程度的快樂嗎？對這個問題的回答，正是我寫這本書的目的之一。

我寫這本書的另一個原因，是因爲我想與大家談一談：『信念能否改變命運？』這個問題一旦受到肯定性的回應，它必將成爲一個真理。也就是說，只要你相信了，願意去播種一個行動，才能收穫一種命運，信念要靠我們去實踐，修持要靠我們在入世中精進，人格要靠我們在行動中完善和提升！我們想要創造的種種美好，都要我們去付諸行動。如果每個人都在行動，我們的人生，我們的世界，才有可能平安、幸福。『信念可以改變命運』則成為千真萬確的真理。

靜下心來思考的時候，我經常會覺得『恐慌』，這個世界到底該由誰去拯救誰？我想，唯有自己拯救自己，你的人生才能重新譜寫；也唯有忘記過去的邪曲，才能讓愛的慈悲改變我們的果因。

『快樂』是每個人一生所追求的目標，而快樂的根源就是慈悲心，如果沒有慈悲心，我們會變成世界上最痛苦的人。因此想擁有真正的快樂，就要有一顆無私的心。

心態隨時隨地都可以改變，如何去培養內心的善良，消除人與人之間的怨恨，讓自己成為世界上最快樂的人，是每個人都該學習的課題。有緣的讀者們，讓我們一起放下不幸的痛苦，重新開始改變我們的心境，也讓信念改變我們的命運！

因爲種種局限，人生總有些問題不可能完滿地解決，但我認爲只要盡力去求善求真，我希望將我的這些不成系統的人生體悟與一切和我有緣的讀者共同分享。

盛噶仁波切（吉祥）

二〇〇七年三月二十二日

目錄

contents

PART.1 一花一葉即世界

PART.2 從容生活

PART.3 先做到我為人人

PART.4 心中的世界

PART.5 信念決定一切

PART.6 煩惱如空

PART.7 捨得和放下

PART.8 煩惱即菩提

附錄

PART 1
一花一葉即世界

我在等你說謝謝

一輛高級轎車從度假村出來後，在鄉村的泥道上拋錨了，身穿名牌西服的車主焦急地對圍觀的人喊著：『你們有誰願意幫我爬進車底鎖一下螺絲啊？』原來他的車，油管出了問題，漏出來的油已經流到地面，而那裡離最近的加油站有上百公里，難怪他急得像熱鍋上的螞蟻。

他身旁打扮妖豔的女子說：『重賞之下，必有勇夫！』於是他趕緊掏出一張大鈔：『誰幫我鎖緊，這錢就是他的了！』

圍觀的人群裡有個小夥子動了一下，卻被他的同伴拉住：『別相信有錢人的話！』這時只見一個小孩子走了過去，說：『我來吧。』

操作很簡單，小孩在那人的指揮下不到一分鐘就鎖好了，爬出來後他就用期待的眼神看著那人，男人剛想把那張鈔票遞給小孩，卻被女人喝斥住了：『你還真打算給他啊？給他一點零錢就好了！』

男人從女人手裡接過零錢遞給小孩，小孩搖了搖頭。聽見人群中的噓聲，男人又加了點錢，小孩子還是搖頭，男人有些生氣了：『你嫌少？再嫌，錢都不給你了。』

『不，我沒有嫌少，我的老師說，幫人是不要報酬的！』

男人很納悶：『那你怎麼還不走？』

小孩說：『我在等你跟我說謝謝！』

看到這個故事，突然覺得人與人之間產生的誤會真是挺可怕的。同樣的一個舉動，在當事人看來是這樣，但在別人看來卻是另一回事，好在言語的存在為人們之間的誤會起到了一定的溝通作用，但是，言語真的能解釋清楚人們之間存在的每個誤會嗎？所有人都願意用言語來消除彼此之間曾存在過的誤會嗎？

有人曾對我發過牢騷，說這社會的陰暗面似乎都被他遇到了，遭人猜疑妒忌，那些誤會和謠言的產生，根本是空穴來風，可是仍有那麼多人在談論著。我對他說，那其實是因為人們的心裡還有太多太自我的東西，只以自己看到的一知半解或聽來的一些事便給你做了判決。對此，我覺得你根本不要放在心上，因為謠言止於智者，你始終如一地做你自己，總有一天你與他們之間的誤會自會消除。

若有存心給你造謠的人，我勸你能平心靜氣地對待，如果你能以一顆感恩的心對待曾經誤會過你或害過你的人，因為畢竟那些人是由於注意你才會生出一些是非，而這些注意無論有多少是負面，有多少又是誤會，你都應該感激，是他們讓你不放鬆自我。而且我相信，如果你真的以一顆寬大和博愛的心來看待那些人那些事，你所看到的世界一定也是陽光明媚，而不是陰暗冰冷。

人與人之間存在誤會已經是一件可怕的事，以一顆決絕冷漠的心來對待誤會，則是一件更可怕的事。誤會可怕，說穿了就不可怕。但把所有的誤會都積在心裡，嘴上不說，心裡卻在怨恨著，這樣下去，對人對己都沒有好處。

以前有一位修行者德高望重，有一天，一戶人家的女兒被發現竟然未婚懷孕，家人氣憤不已，追問那肚裡的孩子是誰的孽種？姑娘不得已，便輕輕地說出了那個修行者的名字。家人一聽氣憤之極，便找修行者理論，修行者卻只是微笑著一言不發。於是家人認定是修行者做了虧心事，當孩子出生後便交給修行者撫養。修行者仍舊不言，只是想盡各種辦法養育小孩。

一年後，那個未婚懷孕的姑娘終於不忍，說那孩子與修行者根本就沒有任何關係，家人才知道誤會了修行者，於是到修行者那裡把小孩接回家，修行者仍然只是微笑，什麼也沒問，什麼也沒解釋。從那以後，修行者受損的名聲不但恢復了，而且比以前更受尊敬。

有了誤會，可以用言語解釋的，解釋開了，誤會便沒了；不可以用言語解釋的，就用行動來解釋，同樣可以使人們之間的誤會煙消雲散。

讓我的腳涼快涼快

那是入夏以來最熱的一天，街上每個來去匆匆的行人似乎都在尋找陰涼的歇腳處，所以街角的那間冰淇淋店成了最受歡迎的地方。

下午三點左右，一個叫珍妮的小女孩手中握著硬幣走進店中，她只想買一份最便宜的甜筒。可是還沒來得及走近櫃檯就被侍者攔住了，侍者示意她看一看門上掛著的告示牌。珍妮的臉一下子紅了，她感到店裡那些衣冠楚楚的顧客的目光都集中在自己綴著補丁的衣服上。於是她轉過身，想趕快走出去，沒有發現店裡有位高個子先生也悄悄起身，跟在她的後面走出店門。

高個子先生看到，珍妮凝視著的那塊牌子上寫著：『赤腳免進』。他看見這個貧窮的小姑娘眼睛裡噙著淚水。他叫住正要離開的珍妮，她吃驚地看著高個子先生脫下腳上那雙大皮鞋放到她面前。

『哦，孩子，』他輕鬆地說，『我知道妳不喜歡它們，它們的確又大又笨。可是，它們卻能帶妳去吃美味的冰淇淋。』他彎下腰幫珍妮穿上大皮鞋，『快去買冰淇淋吧，好讓我的腳涼快涼快。我就坐在這裡等妳。妳走路一定要小心。』

珍妮感激得說不出話來，她紅撲撲的笑臉像是驕陽下燦爛而甜美的花朵。她穿著那雙特大號的皮鞋，搖搖晃晃地、一步一步走向冰淇淋櫃檯，店裡突然安靜下來。一輩子，珍妮都會記得那位始終不願告訴她名字的叔叔，記得他高大的個子、寬大的鞋子，和一顆博大的心。

這是一則讓我心生感動的故事，雖然我還從裡面看到了貧富的差距和歧視，但更重要的是，我看到了最溫暖的人心。

『讓我的腳涼快涼快』，多好的說法，這是一種體貼的，不想讓對方尷尬的關心，在語氣上讓自己處於下風，讓別人可以感到是出於照顧自己的想法來接受自己的好意，是多麼溫暖的心，多麼博大的愛！

人生在世，不過百年，活來活去也躲不過一個『情』字，親情、愛情、友情、恩情，說白了，內裡的基礎就是愛。可是，對許多人來說，愛自己容易愛別人難，愛親人容易愛陌生人難。人們更習慣把自己身邊的人分等級分層次排列，以自己為圓心向四周發射，按照自己與別人的關係順次向外組成幾個同心圓，圓的組成可能會經常變換，或新增或淘汰，或者重新安排在圓上的位置，但同心圓的圓心卻總是自己。

在這樣的同心圓裡，自己與陌生人之間的愛幾乎被忽略掉了，即使偶爾出現也是同心圓的最外一層，而且還是不固定的，經常屬於虛設的一環。但好在，這也是愛。更多的時候，人們對於別人總會心存戒備，安全的只是自己，危險的永遠是別人。

愛，其實是應該分享的，把愛分給別人是一件幸福的事，是會讓人從心裡感到高興。有的東西是越分越少，但有的東西卻越分越多，比如愛。愛的本質是博愛，而不是自私。而當你明白了愛的真諦，學會了愛的博大，你會發現人性的善良，世界的美好。如果你能以心底最真摯的愛去愛別人，幫助那些需要幫助的人，無論他們是你的親人朋友，還是普通關係的人，甚至路人、陌生人，你會發現，你的幫助與愛是最有力的。

當然，愛人和幫助人也需要方法，最起碼應該是對方能夠接受的方式，否則，愛將不是愛，幫助也會變成適得其反。故事中那個高個子先生對赤腳小姑娘的幫助就是一種把自己放到與小姑娘平等，甚至比小姑娘還要矮一點的角度上，對小姑娘伸出援手，而不是高人一等的施捨。與其說這是一種幫助，不如說這是一種愛，一種發自內心的愛護，而這種愛不但讓小姑娘吃到了她嚮往的冰淇淋，同時，也保護了小姑娘的自尊心和自信心。多年以後，當小姑娘長大，懂得了社會的多面與複雜之後，想起那個冰涼的小店時，那個高個子先生的大鞋子會永遠在她的心裡溫暖著她，給她自尊，給她愛，是一種來自於陌生人卻純粹博大的愛。

讓我的腳涼快涼快，當你也準備幫助別人的時候，是否也能做到放低自己的姿態，從心裡去幫助去愛別人呢？

頭上三尺有希望

他是一位匈牙利木材商的兒子，由於從小生得呆笨，人們都喊他『木頭』。他也確實名副其實，九歲之前，除了因遵守秩序在學校裡獲得過一枚玩具螺絲釘外，再沒有獲得過什麼獎勵了。

十二歲時，他做了一個夢，夢到有位國王頒獎給他，因為他的作品被諾貝爾看上了。當時，他很想把這個夢告訴別人，但又怕被人嘲笑，最後，只告訴了媽媽。媽媽說，假如這真是你的夢，你就有出息了！我曾聽說，當上帝把一個不可能的夢，放在誰的心中時，就是真心想幫助他完成。

男孩從來沒有聽說過夢想和上帝還有這層關係，媽媽說完，他就信以為真了。他想，他真是天下最幸福的人！世界那麼大，上帝卻一下子就選中了他，為了不辜負上帝的期望，從此他真的喜歡上了寫作。

『倘若我禁得起考驗，上帝會來幫助我的！』他懷著這樣的信念開始了寫作生涯。三年過去了，上帝沒有來；又三年過去了，上帝還是沒有來。就在他期盼上帝前來幫助的時候，希特勒的部隊卻先來了。他身為猶太人，被送進了集中營。在那裡，數百萬人失去了生命，而他卻靠著『生存就是順從』的信念活了下來。

『我又可以從事我的職業了！』他懷著這種心情走出奧斯維辛集中營。一九六五年，他終於寫出了他的第一部小說《無法選擇的命運》；一九七五年，他寫出另一部小說《退稿》。接著他又寫了一系列作品。

就在他不再關心上帝是否會幫助他時，瑞典皇家文學院宣佈：把二〇〇二年的諾貝爾文學獎授予這位匈牙利作家凱爾泰斯・伊姆雷。他聽到後大吃一驚，因為這正是他的名字。

當人們希望這位名不見經傳的作家談一談他獲獎後的感受時，他說：『沒有什麼感受！我只知道，當你說我就喜歡做這件事，不管多困難我都不在乎時，上帝就會抽出身來幫助你。』

夢想皆有神助！在新世紀裡，伊姆雷成為第一位見證人。預言家說，還會有第二位，就藏在有夢想的人中間。

看完這個故事後，我對身邊的助理說：『這個故事真好！』助手看了看說：『可是，它寫的是外國的事情，是信仰上帝的事啊！』我告訴他，人有信仰就是一件好事，至於信仰的是什麼，就看他能不能從自己的信仰當中探索到生命的真諦，明白生命的真正意義。信仰是個人前往真正幸福的通道，只要能到達那最後的幸福，信仰只是可以解脫生命中種種痛苦的方式和方法而已。

在我看來，佛家講究的是博愛和渡人，外國人同樣是人，同樣希望讓自己的生活幸福和美好。從本質上來說，與我們並沒有不同。而故事中的主角正是一個有夢想有信仰，又肯為夢想和信仰腳踏實地地付諸行動的人，也正因此，他才會在最艱苦的時候仍然是一個有信仰的人；他才會在最艱難的時候，仍然可以繼續自己的夢想；也正因此，他才能取得成功。

人是需要有信仰的。真正的信仰會給迷途中的人正確的指引，會讓有夢想的人在通向理想的路途中有支撐。有了信仰，就等於有了希望。只要你願意，希望就會一直在前方等著你，時刻提醒你應該前進的方向。

故事中說，夢想皆有神助。在我看來，那個可以助己成功的神，與其說是上帝，還不如說是自己。正是因為自己有了希望，有了信心，又有了毅力，才有了實現夢想的可能，也才有最後的成功。無論如何，我們都應該告訴自己，希望就在前方，只要努力，就能達到。

如果我說頭上三尺有神明會讓一些人接受不了的話，這句話也可以換成頭上三尺有希望。因為任何神明都是給人信心和力量的化身，就是讓人邁向成功的希望，只要你努力，朝著自己的夢想不斷前進，成功只是早晚的問題。就像小時候媽媽告訴我的那樣，頭上三尺有希望，但你不跳起來就永遠也抓不到。

何處青山不道場

臨近五月分的長假，身邊的很多朋友都在商量著要給自己的假期找個好去處，最好一面能領略湖光山色的美景，一面還可以求拜名寺古廟，採擷天然的靈氣。在一一數了幾處名勝古蹟之後，我突然發現了這些名勝古蹟都有一個共同性：幾乎每個享譽盛名的旅遊勝地都有些名寺寶剎，常年有著香火旺盛的道場，而且還有專門以佛教著稱的風景勝地，像我國的佛教四大名山就是最典型的了。

中國的佛教四大名山指的是浙江普陀山、山西五臺山、四川峨眉山和安徽九華山，它們又分別是文殊、觀音、地藏、普賢四位菩薩的道場。很多人大概都知道，其中山西的五臺山以其悠久的歷史文化和規模宏大的寺廟建築群位居四大佛教名山之首。據說五臺山這個名字始於北齊，屬太行山脈，最初被稱為五峰山，因為五座山峰頂如平臺，後來才被人們稱為五臺山。五臺山上寺廟眾多，大致分為兩種，一種是藏傳佛教寺廟；另一種是漢傳佛教寺廟。若要追溯五臺山上寺廟的歷史，從記載來看要從東漢永平十一年開始，不過自漢明帝開始，明、清、民國歷代都有新建和補修，最多是在唐朝，山上寺廟曾達到三百餘所，僧眾近萬人，同時佛教在唐朝也進入了鼎盛時期。後來，由於佛教所遭受到的人為破壞，五臺山的台內、台外、台頂、台下的寺廟僅剩下一百二十四處。

有人問我是否也去過漢傳佛教的寺廟？我說，當然。其實，無論是漢傳佛教還是藏傳佛教，只不過求佛的方式和方法不同而已，實質都是佛教。

五臺山的自然風光當然極好，去過的人都知道，然而真正讓五臺山聞名的卻不止於此，還有那些大大小小的寺廟，以及古往今來與佛教發生了千絲萬縷的聯繫的掌故和傳說。

五臺山上的太平興國寺就是楊五郎出家的寺廟，據說楊五郎還成為了該寺的第二任住持。相傳宋太宗當年遊五臺山時，就由楊氏父子保駕護送，宋太宗到太平興國寺禮佛，楊五郎結識了睿見。由於皇上之行宮距太平興國寺很近，所以，楊五郎便成了太平興國寺的常客。經過幾次接觸，楊五郎很欽佩睿見的淵博才學，睿見也很喜歡楊五郎的性格，兩人氣息相投。但當時楊五郎還沒有足夠的勇氣步入佛門。後來在金沙灘大戰中，楊五郎憑藉著睿見送他的和尚帽和黑色的袈裟，才躲過了敵人的陷害和追殺。從那以後，楊五郎才萌發了遁入空門的念頭，最終棄甲出家。

除了楊五郎在五臺山出家的故事之外，清世祖愛新覺羅・福臨到五臺山出家當和尚的傳說則流傳更廣。聽說前一陣子有部電視連續劇叫《孝莊秘史》，就是講順治帝在愛妃董鄂妃死後備受打擊，次年便脫離塵世，遁入山西五臺山，削髮為僧的故事。這些在歷史上都曾佔據過重要地位的人都不約而同地選擇了五臺山作為他們出家剃度的地方，這使得五臺山本身的美景外，更添加了許多可以傳說的玄妙素材吧！據說在順治帝出家以後，康熙曾四次去五臺山尋父，至今在五臺山上還留有很多筆跡，包括五爺穿龍袍等傳說都成為當地膾炙人口的掌故傳聞。

佛教中的文殊菩薩是大智慧的象徵，而五臺山則是文殊菩薩的道場。到五臺山朝山拜佛的人總要在文殊像前祈禱，希望給與智慧，促進學業和增長慧根。除此之外，像大肚彌勒佛、五爺、大白塔等等傳說數不勝數，它們為本就香煙繚繞的五臺山更增添了一些帶有宗教氣息的玄奧和神秘。在我看來，五臺山的美和聞名與它的自然風光當然是密不可分的，不過，真正讓五臺山聞名遐邇、遊人如織的，卻還在於五臺山上那些大大小小的寺廟。因為人心多數還是嚮往善良的，而那些寺廟就提供了一個可以近距離接觸佛祖、接近善良和美好的場所。到五臺山去遊玩的人，很多是抱著半信半疑的態度去的，其實這並不重要，重要的是他們有了接近佛祖的機會。

普陀也是如此，雖然也有南普陀與北普陀之分，但普陀是觀音菩薩的道場，因此關於觀音菩薩、千手觀音菩薩的傳說就非常多。至於其他佛教名山，實質亦如此。在風景秀美的勝地，總要有一些佛教寺廟，似乎只有這些佛教寺廟的存在才能讓這些青山綠水美景變得更加生動、傳奇、富有詩意，也更有靈氣和仙氣。從這個角度來說，這些寺廟就像是這些自然風光的靈魂所在，而佛教就是讓所有美景平添靈氣的源泉。

對於幅員遼闊的中國來說，因名寺古廟的存在而著名的自然風光旅遊勝地遠不止這幾處，但幾乎無一例外的，但凡有名的景區總少不了佛教寺廟的存在，而那些寺廟也是無一例外地香火旺盛。古人說：山不在高，有仙則名；水不在深，有龍則靈。正所謂何處青山不道場，大概就是這個道理。

美麗的蛛絲

很久很久以前，有一家香火旺盛的寺廟叫圓音寺。有個蜘蛛在圓音寺的橫樑上結了張網，由於每天都受到香火和拜佛、講經的薰陶，經過千年的修鍊，蜘蛛就有了佛性。

有一天，佛祖到圓音寺時看見了這隻蜘蛛，便說：『你我相見總是有緣。我問你個問題，世間什麼是最珍貴的？』蜘蛛想了想回答說：『世間最珍貴的是「得不到」和「已失去」。』佛祖只是點了點頭，便離開。

又過了一千年，佛祖又來到寺廟，見蜘蛛經過這一千年的修鍊佛性大增，便問蜘蛛：『一千年前的那個問題，你有更深的認識嗎？』蜘蛛說：『我覺得世間最珍貴的是「得不到」和「已失去」。』佛祖說：『你再好好想想，我會再來找你的。』

又過了一千年，有一天颳起了大風，風將一滴甘露吹到了蜘蛛結的網上。蜘蛛看著晶瑩剔透的甘露，頓生喜愛之心，於是每天都要看著那滴漂亮的甘露，覺得這是三千年來最開心的日子。突然，又颳起了一陣大風，把甘露吹走了。

蜘蛛失去甘露以後，心裡又難過又寂寞，這時佛祖來了。『蜘蛛，這一千年的時間，你可曾好好想過我問過你的問題？世間什麼才是最珍貴的？』蜘蛛想到那滴甘露，於是對佛祖說：『世間最珍貴的是「得不到」和「已失去」。』於是佛祖說：『好，既然你有這樣的認識，我就讓你到人世間走一遭吧！』

蜘蛛投胎到了一個官宦家庭，父母為她取名蛛兒。一晃眼，蛛兒十六歲了，不但天生麗質、嬌豔動人，而且琴棋書畫樣樣精通。雖然有許多官宦家庭的公子王孫向蛛兒求婚，但蛛兒卻從未動心，她知道，佛祖一定會把她所喜愛的那滴甘露給她的。

有一天，皇帝決定在後花園為新科狀元郎甘鹿舉行慶功宴，許多妙齡少女都被邀參加，皇帝的小公主長風公主和蛛兒也在其中。甘鹿在席間表演詩詞歌賦，大獻才藝，在場的少女無不為之傾倒，但蛛兒一點兒也不緊張，她知道，甘鹿是屬於她的，是佛祖賜給她的姻緣。

過了些日子，蛛兒和母親上香的時候，遇到甘鹿也陪著他母親來上香。上香拜佛之後，兩位母親在一邊談起畫來，蛛兒便與甘鹿到走廊上聊天。蛛兒很開心，終於可以和喜歡的人在一起了，可是甘鹿卻不像蛛兒所希望的那樣喜歡她。於是蛛兒問：『你不記得十六年前，圓音寺裡在蜘蛛網上發生的事了嗎？』甘鹿很驚訝地說：『蛛兒姑娘，妳在說什麼？我怎麼聽不懂？』蛛兒很奇怪，既然是佛祖安排的姻緣，為什麼甘鹿對此卻毫無感覺呢？

幾天後，皇帝下召，命新科狀元甘鹿和長風公主完婚；蛛兒和太子芝草完婚。這一消息猶如青天霹靂，讓一心等待與甘鹿成親的蛛兒大失所望，她茶不思飯不想，幾欲到了生命的盡頭。

太子芝草知道了，急忙趕來，撲倒在床邊，對奄奄一息的蛛兒說：『那日，在後花園眾姑娘中，我對妳一見鍾情，我苦求父皇，他才答應為妳我指婚。如果妳死了，那麼我也不活了！』說著就拿起寶劍準備自刎。

就在這時，佛祖來了，對快要靈魂出竅的蛛兒說：『蜘蛛，你可曾想過，甘露（甘鹿）是由誰帶到你這裡來的呢？是風（長風公主）帶來的，最後也是風將它帶走的。甘鹿是屬於長風公主的，他對你不過是生命中的一段插曲。而太子芝草是當年圓音寺門前的一棵小草，他看了你三千年，愛慕了你三千年，但你卻從沒有低下頭看過它。蜘蛛，我再問你，世間什麼才是最珍貴的？』蜘蛛聽了這些終有所悟，對佛祖說：『世間最珍貴的不是「得不到」和「已失去」，而是現在能把握的幸福。』剛說完，佛祖就離開了，蛛兒的靈魂也歸位了，睜眼見太子芝草正要自刎，她立刻打落寶劍，和太子深深相擁……

這段故事是一位弟子推薦給我看的，寫得相當不錯，看了以後不免讓人心動，為那紅塵中無法逃脫的情緣，也為那近在咫尺的佛陀。

還有一個也是與蜘蛛有關的故事，有一個生前作惡多端的大盜，死後落入了地獄底層。他生前做過唯一的一件善事，是有一次他走在路邊，見到一隻蜘蛛，他剛抬起腳想踩死這隻蜘蛛時，轉念一想，還是別踩了，蜘蛛再小也是有生命，濫殺了牠，怪可憐的，便饒了那隻蜘蛛。

由於這一念之仁，地獄中的大盜得到了佛陀的幫助：一根由極樂世界的蜘蛛吐出的美麗蛛絲垂入了深邃的地獄底層。大盜一見，高興得不得了，便抓住這蛛絲往極樂世界攀爬，眼見自己離開了地獄的底層，他高興地大喊：『太棒了！』可是一低頭，卻發現在他的下面，正有許多罪人也抓著這蛛絲努力地往上爬。

他心裡一驚：蛛絲這麼細，往上爬的人卻這麼多，要是它斷了怎麼辦？我不就完了嗎?!於是，大盜對著下面正往上爬的罪人們大喊：『喂！罪人們，這根蛛絲歸我所有，你們到底是徵求過誰的同意攀上來的？下去！下去！』一瞬間，本來還好好的蜘蛛絲，驀地從大盜的懸吊之處，噗地一聲崩斷了……

其實，任何人都有慈悲心，不管罪孽如何深重的罪人也會因為這慈悲心而獲得佛祖的救助。大盜的慈悲心饒了一隻蜘蛛的性命，蜘蛛的蛛絲本可以把在地獄底層受苦的大盜拉出來，可是大盜卻因為自私的利己心，而失去了這去往極樂世界的美麗的蛛絲。

眾生皆有佛性，我們不要忽視了生活中最細小的生命。你看，僅僅是一根蛛絲，就可以牽引人們走向佛祖；一根蛛絲，就可以把人們引向那渡人無數的佛海，我覺得即使那些流傳著的佛故事中有再多的瑕疵，也不抵這佛祖渡人的心願，無論是寫的人還是看的人，終會為了這所見所聞而有所感悟。對於佛理的開悟，誰能說一根小小的、細細的，卻是美麗的蛛絲就辦不到呢?!

善良是開啓幸福生活的鑰匙

蘇珊是個可愛的小女孩。當她念一年級的時候，醫生發現她身體裡竟長了一個腫瘤，必須住院接受三個月的化學治療。出院後，她顯得更瘦小了，神情也不如往常那樣活潑。更可怕的是，原先她那一頭美麗的金髮，現在差不多都快掉光了。

雖然，她那蓬勃的生命力和渴望活下去的信念，足以與癌症和死神一爭高低，她的聰明和好學也足以補上落後的功課，然而，每天頂著一顆光禿禿的腦袋到學校去上課，對於她這樣一個六、七歲的小女孩來說，無疑是非常殘酷的事情。

老師非常理解小蘇珊的痛苦。在蘇珊返校上課前，她熱情而鄭重地在班上宣佈：『從下星期一開始，我們要學習認識各種各樣的帽子。所有的同學都要戴著自己最喜歡的帽子到學校來，越新奇越好！』

星期一到了，離開學校三個月的蘇珊第一次回到她所熟悉的教室，但是，她站在教室門口卻遲遲沒有進去，她擔心又猶豫，因為她戴了一頂帽子。

可是，令她感到意外的是，班上每一個同學都戴著帽子，和他們五花八門的帽子比起來，她的那頂帽子顯得那樣普通，幾乎沒有引起任何人的注意。一下子，她覺得自己和別人沒有什麼兩樣了，沒有什麼東西可以妨礙她與同學們自在地見面。她輕鬆地笑了，笑得那樣甜，笑得那樣美。

日子就這樣一天天過去。現在，蘇珊常常忘了自己還戴著一頂帽子，而同學們呢？似乎也忘了。

看到這個故事的時候，我身邊正有一位朋友為自己的不幸和缺陷而發愁。在一次車禍中他失去了左腳，又因為種種原因而無法安裝義肢，因此他只能拄著楞杖一瘸一拐地在路上顛簸。每當他一跛一跛地行走在街道上，行走於人群中，他總覺得人們投到他身上的眼神怪怪的，帶著歧視的成分，甚至還有一點幸災樂禍的味道。他因此而傷心、發愁，他更接受不了人們同情的目光和詢問，不知道以後的日子到底該如何度過？

於是，我把這個小故事講給他聽。我告訴他，人世間有一種最美麗的表情，也是人類最美麗的語言，那就是善良。善良是這世上最珍貴的東西，它的價值重於任何珠寶，而擁有了善良的人也會因此而優於偉人。

生活有時候就像一面鏡子，你對著它笑的時候它也會對著你笑；你對著它哭時它也會對著你哭；而當你面對它發怒時，你看到的也只會是一張憤怒的臉；當你愁眉苦臉地面對它時，除了回敬給你一張同樣愁苦的臉之外，生活也別無他法。

人活一世，也就三萬多天，誰也不希望整天看到憂愁苦悶的表情，誰也不希望整天生活在痛苦和憂愁之中，那麼，我們自己首先就不能憂愁、不能苦悶、不能憤恨，應該想辦法讓自己變得幸福、快樂。善良就是可以使自己的生活變得開朗快樂的法寶之一。

當我們以一顆善良的心去面對生活，我們會發現世界和身邊的人其實都挺善良，即使你覺得老天虧欠你太多，但你仍能以一顆感恩的心面對生活時，你一定會發現世界其實仍然那麼美好，人們也依舊那麼善良，一切都在如常地進行著。

你以為一切都改變了，世界越來越黑暗，人心越來越叵測，社會也快要把自己拋棄了……其實這些所謂的變化都只是因為你心裡的想法改變了而已。是你的想法蒙蔽你的雙眼，因為感覺別人的眼神怪，看起來，那眼神也就真的怪了；因為感覺別人在嘲笑自己，看起來，那眼神裡似乎也就真的帶著嘲笑了。當你認為人們其實只是無意中擦肩而過，是沒有什麼惡意的眼神的略過而已，或者人們的內心本質都是善良的，那麼當你再在大街上走過時，你的心情也會因為你的想法而改變、開朗不少。

善良，是人們開啟幸福生活的鑰匙。你知道自己是善意的，那麼你看到的也都是善意。即使真的有人以怪異的眼神看著你，也無所謂。畢竟還有那麼善良的人在關心你，希望你在遇到巨大的不幸之後還能得到幸福。如果僅僅因為一兩個怪異的眼神就放棄了大多數人對你的希望，豈不是得不償失？

我的朋友靜靜地坐在我身邊聽我講，一句話也沒有說。但我看到，他的眼裡閃著晶瑩的淚。我知道，他明白我的話了。

一件小善也可能改變人生

有個小夥子注意到陽臺上他種的一盆迎春，長長的枝條日漸向樓下伸展，就決定把它們拉上來固定好。但就在動手前，他打消了這個念頭，覺得這樣做太小氣。所以迎春很快就將一簾秀色掛在樓下陽臺。

轉眼是翌年春天，小夥子驚奇地發現一枝葡萄蔓攀上了他的陽臺，俯身去看，卻見一張美豔的臉仰起來對他微笑。原來，樓下人家感激小夥子的饋贈，為了回報，就種了棵葡萄讓它攀上來……

一來二去，樓上樓下就熟了。就在葡萄第二次成熟的時候，小夥子與樓下人家的女兒收穫了他們成熟的愛情。

一個帶著浪漫色彩的美麗小故事，帶給人們的也許只是同樣可以美麗一下的心境，但當你回味它時，會發現一個小得不能再小的故事中，同樣蘊含著很多生活哲理，而這些生活哲理，也許可以幫助我們度過生命中最難的日子，成為我們潛意識中的支柱。

如果故事中的小夥子捨棄不了那一簾春色，恐怕他也無法意外地收穫了那來自樓下的葡萄以及愛情的果實。捨棄對世人來說，並不是一件容易做到的事，但一次小小的卻是正確的捨棄卻可能換來自己一生幸福。而且，小夥子因為不想做個小氣的人，不想做個看起來有點不『善』的人，於是任那迎春的枝條把一簾綠色長到了樓下，也可以算得上是勿以善小而不為了！

勿以善小而不為，勿以惡小而為之，中國古已有之的話。雖然只是『小善』和『小惡』，卻不能因為它的小而忽略它。因為生活其實就是由這些小事堆積形成的。更重要的是，這些小善和小惡也會成為日後那些大善和大惡的基礎。

俗話說，『小偷針，大偷金』。有很多吸毒的人，剛開始可能只是因為好奇，只想嚐嚐被那麼多人傳言那麼神的東西到底是什麼滋味，卻完全忘記這一個小小的錯誤舉動會帶來天翻地覆的變化，一次、兩次，也許都沒有什麼事，但三次、四次，就不行了，一旦上癮了，想戒都戒不掉，不但自己痛苦，家人和朋友也跟著遭罪受苦。

一個小小的惡習可能帶來極嚴重的後果，甚至毀了人的一生。而一個不起眼的小小善行，也可能為日後積累福報。一個年輕人畢業後在一家工廠做事，雖然自己的工作做得很出色，但因為工廠業績等種種原因，為了讓一個剛剛死了妻子、一個人撫養孩子照顧老人的工人不會因此失業，而主動要求辭職，把自己的工作留給了那位老工人。兩年以後，一位到當地投資的企業家承包了工廠，聽說了年輕人的善舉之後，讚歎不已，就把小夥子找回來當總經理助理。

失之東隅，收之桑榆。塞翁失馬，焉知非福。那些看起來好像吃了點虧的事，其實未必都是吃虧的事。當你在善與惡之間做出了一個明智的選擇的時候，這舉動本身就是一種收穫。當你多年之後為此而豐收時，你自然就明白，在小事上吃點小虧，做點讓步，在小小的好事中伸出援手，在小小的惡事面前做出正義的舉動……每一點一滴的積累都會讓你在接下來的生活中受益匪淺。

雖然在你看來也許只是個微不足道的舉動，但卻可能對別人產生莫大的影響。而在這樣的影響當中，自己同樣也會受到影響。至於是好的影響還是壞的影響，就要看你當時所做的是善還是惡了。善會有善報，惡會有惡報，這樣的因果報應可說是亙古如是，屢試不爽的。

雖然有人可能會說，為什麼那人做了一輩子好事卻在車禍中暴死了？那人做了一輩子壞事，卻能吃香喝辣長命百歲？這是因為你所看到的只此一世而已，你並不知道那人上輩子做了什麼？他的福報大，此世自然享他的福報，福報盡了，自然該受他自做的惡報了。若是上輩子福報小，此世看起來雖是個好人做了無數好事，卻因為上世的惡報而早夭，但他此世做的好事卻會成為他下次輪迴的福報。如果你想驗證我這話的準確性，那麼就一心修佛，修成正果，自然得證！

雖然有時善與惡都很小，甚至很不起眼，然而就是這些小善與小惡，為與不為都會存進你人生的銀行當中，隨著你的成長而增長著利息。善與惡，為與不為，有時候可能只是人的一念之間。一念之間便可能決定此世或下輩子的因果，所以即使是小善或是小惡，在做之前還是應該細思量，時刻牢記勿以善小而不為，勿以惡小而為之，免得錯過了積小善的機會卻不小心給自己積了小惡，由此使自己的人生變了模樣！

你是最佳主角

這是一個浪漫愛情故事。他得了絕症，她辭掉了自己的工作，專心在醫院裡照顧他。他們純潔的戀情打動了所有的人。

整整兩年，他的病友換了一個又一個，有的康復出院，有的進了太平間。而男子的病情還是不見好轉也不見惡化。終於有一天，醫生告訴他們一個沈痛的消息：男子的生命挺不過這一週了。女孩痛哭失聲，男子卻長舒了一口氣。報社的記者們知道了這個感人的故事也匆忙趕來。記者們提出為兩個人拍一張照，女孩攏了攏自己的頭髮，準備配合記者拍照，男子卻攔住了：『還是不要拍了吧。』

『為什麼？』

『將來她還要嫁人呢！我不想打攪了她以後正常的生活。』

她撲進他懷裡失聲痛哭。

第二天報紙上登出的是女孩的側面照，一張美麗得讓人心碎的側影。

我喜歡故事裡男子的睿智，也喜歡故事中女孩的真情，雖然他們的愛情最終成了一齣悲劇，但或許在他們心裡，這樣的愛情一生難求，是純得不能再純的愛情。每個人對待愛情的態度都不盡相同，因為各自生活環境的不同，還有在愛情中遇到問題時的處理方法也不盡相同。如果兩個人在遇到問題時仍像初戀般心心相印，同心協力地解決他們共同遇到的問題，那麼我相信他們的愛情一定是真愛情。

不僅愛情如此，人生也是這樣。常有人說『人生如戲』，就算人生真如戲，也要盡量把這戲演好！在我看來，在生活中找對自己的位置，應該是在人生舞台上演一場好戲的首要準備。

我曾看過一個小故事，說一個父親帶著自己的兩個孩子去公園打球。售票員說，滿六歲的小朋友入場需要三美元，不滿六歲則可以免費進入。這位父親聽了之後對售票員說：『我們家未來的律師三歲了，我們家未來的醫生七歲了，所以我想我應該付給你三美元。』這樣的回答讓售票員感到很驚訝，他說：『其實你可以替自己省三美元的。即使你告訴我那個大一點的孩子不滿六歲，我也看不出來。』不過這位父親說：『對，你的確看不出其中的差別，但是我的孩子們會知道這其中的差別。做為一個父親，我有責任不讓他們小小年紀就學會去欺騙別人。』

態度認真的父親心裡非常明白，一張小小的門票，票面上的價值雖然只有三美元，但對於兩個孩子幼小的心靈來說，這一張門票的價值則遠遠高於三美元。一張門票，會讓孩子從小就在父親身上看到誠實的品格，而這必將影響孩子今後的發展。同時，當父親為孩子們購買門票的時候，也會讓孩子們看到自己在父親心中的地位，從而讓孩子從小就知道人是應該站在自己應該站到的位置上，做自己應該做的事。

即使說人生如戲，我們也應該知道自己到底會什麼，不會什麼。只有找對了自己的位置，才能把握好這個位置上角色的心理和應做的事。所謂人貴自知，其實就是希望人們都能夠正確地評價自己的才能，並能面對自己的不足，因而對自己的行為和發展有一個正確的引導方向。

人生在世，恐怕誰也不願把自己的人生過成悲劇。可是若過了大半輩子，才發現自己的人生更像一部鬧劇的時候，想來也是讓人傷心的一件事，畢竟人生不易啊！

我們看別人拍電影拍電視劇的時候，有不合導演要求的地方，總可以ＮＧ，重新拍攝，然而真正的人生是不能ＮＧ的演出，你所做的每件事，不論正確或錯誤，都將成為你自己人生的重要組成部分，一切都無法修改無法重來，只能繼續走下去，直到你倒下的一天，你此生的戲才算是演完了，才能正式結束。

而在你即將告別塵世之前，想想這一生由你一手導演的人生之戲，自己是否滿意？是否可以問心無愧地流傳下去，供後人景仰？還是在這部戲中有太多不如意，有太多需要ＮＧ重拍的地方卻一直無法了卻心願？

如果說人生如戲，那麼為了這一場無法ＮＧ的戲，為了演好自己人生中的每個角色，我們需要正視自己，了解自己，知道自己應該做什麼，不應該做什麼，這樣才能讓無法ＮＧ的人生之戲圓滿落幕。

誰來造福全世界

人性的複雜幾乎曾困擾過每一個人。孔子曾經對學生們說過一句話：了解人本來就不容易啊！的確如此，即使人們做了再多的努力，似乎也無法洞悉人性的複雜。

人們習慣用一些固定的標準來判斷別人，把人分成了幾種。然而人性的複雜，經常會使這種標準的套用出現一些意外的結果。所以有時候你會發現，當小孩子指著電影裡的人物問你他是好人還是壞人時，你好像越來越難回答，因為好人也有太多的缺點，而所謂的壞人也有著許多優點。你根本沒有辦法用單純的好人和壞人來區分這些人物，因為人性本身就是複雜的，複雜到不能只用好與壞來區分。

我在一本書裡看到了一個小故事，讓我感觸很深。假設我們要從以下三個候選人中選擇一位來造福全世界，你會選擇哪一位呢？

候選人Ａ：
篤信巫醫和占卜家
有兩個情婦
有多年的吸煙史，而且嗜好馬丁尼酒

候選人Ｂ：
曾經兩次被趕出辦公室
每天要到中午才肯起床
讀大學時曾經吸食鴉片
每晚都要喝一夸脫（大約一公升）的白蘭地

候選人Ｃ：
曾是國家的戰鬥英雄
保持著素食習慣

從不吸煙，只偶爾來點啤酒
年輕時沒有做過什麼違法的事

是不是覺得這些資訊已經足夠幫助你決定最佳人選了呢？現在讓我們來揭曉答案，看看你選了誰？候選人A是佛蘭克林・D・羅斯福，候選人B是溫斯頓・邱吉爾，候選人C叫做阿道夫・希特勒。

這個結果有沒有讓你感到吃驚？那些偉人的身上其實也存在著很多缺點，有些甚至是很嚴重的；而那個世人公認的罪人身上，卻有著那麼多的優點，優秀得讓你在不知道是誰具有這樣的優點的時候，誤以為這也是個偉人。

然而，人性就是如此複雜。缺點並沒有妨礙偉人做出利於人民的偉大的事，他們身上的缺點足以被自己的偉大光環所掩蓋；千古罪人的優點也無法頂替他所犯下的罪行，即使再多的優點，也不能消滅他的罪惡。但是，即便如此，我們也不能說偉人就是完美無缺，同樣，我們也不能說罪人就是一無是處。人性，需要你細心考量，不假思索的判斷必然帶有強烈的主觀色彩，從而無法對一個人做出真實和準確的判斷，匆忙下結論便會不可避免地有失偏頗。

人性，總不簡單，需要我們認真思考，認真對待。

PART 2
從容生活

不要上自己的當

最近總會出現這樣的新聞：一些詐騙集團說手裡有古董文物、名錶等價值不菲的東西要低價出售，或者有人在路上撿了值錢的東西，要和路人平分等等，上當的大多數是婦女或者老年人。

其實，這樣的詐騙手法已經很老套了，但追根究柢，這些騙子還能夠得逞，不是他們的騙術有多高明，而是被騙的人有貪念，這種貪念讓他們相信了利益、前景這些幻象的東西。幾乎每個受騙的人都覺得自己得到了便宜。所以，究竟是騙子讓一個人上當，還是這種貪念讓人上當呢？

對這個問題，佛經中早有解釋。《大莊嚴論經》第十五卷記載，釋迦牟尼說過這樣一個充滿哲理的故事：一個富家媳婦常被婆婆責罵，她便來到林中，爬到樹上，想在這裡安歇一個晚上。樹下有個池塘，她的身影當然映在水中。

有一個婢女走到池塘邊，看到水中的倒影，以為是自己的，便自言自語地說道：『我這麼漂亮，幹嘛替別人挑水呢？』她便打破水桶，對主人家提出抗議。大家都認為她瘋了。

釋迦牟尼把這種現象稱作『倒惑』。婢女為什麼會有『倒惑』呢？因為她就是希望自己長得漂亮，而且要擺脫粗重的勞動。她實際已經上當了，她不是上水中倒影的當，也不是上了自己眼睛的當。她是上了自己求美之心、怕苦之心的當。

這個故事不是很典型嗎？世上有很多人受騙上當，他們大多都有『倒惑』的情況。這種『倒惑』，可以從兩方面解釋，一方面，是人在沒有信仰、不進行修持的時候，必然地會有貪、嗔、癡，貪讓人迷失了自我，也就讓騙子可以利用；另一方面，他們被世間的幻象所迷惑，尤其憑空而來的錢財、富貴擺到面前時，不去分析其虛妄的本質，只想著自己能夠得到什麼，又能夠得到多少。但是，世間的一切都是虛妄，都是幻象，沒有大智慧，沒有慧眼，又怎麼能不被迷惑呢？

佛家講因果，上當受騙的因還是在於自己。如果自己的當都不會上，還會上騙子的當嗎？

爲什麼會得憂鬱症？

憂鬱症患者現在好像越來越多了。在現實社會中，生活節奏越來越快，每個人為了生計忙來忙去，精神壓力大雖是正常的，但是，很少有人能自我調節，讓自己保持輕鬆愉快的心態。

現在，很多年輕人的口頭禪就是『鬱悶』，事情做不好當然鬱悶，但是很多時候我看到的是事情做得不錯，只不過過程中有些不順利，這也讓他們鬱悶。其實，做什麼事都有坎坷，都不可能完全順著自己的意願，如果連這都鬱悶，那麼生活就完全被不愉快左右了。

憂鬱症患者應該有兩種類型，一小部分是覺得達不到自己的理想，而這種理想是很崇高也很難做到；更多人的憂鬱是為了自己的私利，成天想的是名譽、地位和金錢，想的是自己的生活享受，當欲望得不到滿足，鬱悶也就不足為奇了。

做為佛家弟子，我是不贊成為了任何欲望而執著，即使欲望是為了他人，但畢竟也是欲望。但是，誰又能擺脫欲望呢？即使是佛家弟子，修持到了一定程度，也不一定完全拋捨欲望啊。佛教歷史上的很多故事中，也講述過有些高僧，為了普渡眾生而『鬱悶』的事。

然而這種『執著』，這種為了眾生而產生的心理問題，並沒有私利的念頭，應該被視為佛家弟子在弘法的過程中遇到的逆境，當人們能擺脫類似的逆境時，人類就得到大自在了。

可是，第二種鬱悶呢？則完全是貪嗔癡造成的，貪念造成了對社會事務的不滿，對名利的迷戀，當得不到私利時，又不能完全解脫，依然癡迷於其中，這樣的人生，是想得得不到，想放又放不下，其中的苦，只有自己知道。

對待心理疾病，現在有各種各樣的科學醫治手段。但是『心病還要心藥治』，解決心理疾病，解脫煩惱，最重要的是從根治起，主要還需要讓人了解，癡迷、貪念對人的精神生活和生理健康的損害，它一方面不能讓人得到真正的快樂，而且，也容易影響人的正常生活狀態，從而影響身體的健康。

死神往往來自我們內心

有一個故事，我經常講給我的朋友聽。

有一天早晨，死神來到一座城市，有個人遇見他，問道：『你來這兒幹什麼？』

死神說：『我要在你們這座城市中帶走一百個人。』

『這太可怕啦。』那個人聽了，嚇得趕緊走掉了。他對遇見的每一個人說：『死神來了，他要帶走一百個人呢。』

到了晚上，這個人還在路上奔走，他還想提醒更多的人。無意中又遇見了死神。他問：『你要帶走的一百個人都帶走了嗎？』

死神回答：『我本想帶走一百個，沒想到現在死了一千個。』

『你這個惡魔！』那個人非常生氣，『你怎麼能這樣？這會讓所有人更加恐慌。』

『我按照我說的做了，我帶走的只是一百個人。』死神平靜地回答，『剩餘的九百人是被焦慮嚇死的，而你才是製造恐慌的人。』

有的時候，焦慮要比死神更可怕，而讓別人焦慮、製造恐慌的人，就是死神，就是惡魔。

這個故事講了一個很簡單的道理，往往人心中的想法是可怕的，是因為一切貪嗔癡造成了心理的負擔，造成了生活的逆境，而這種逆境，讓我們對生活失去信心，最終被惡魔左右。當然，這裡說的惡魔，不是故事裡的妖精，而是讓我們的內心不得清淨的外境幻象。

這一點，是每一個修持佛法的人都能避免的。

而故事裡所說的另一點，就真的是邪道、魔道，而不能用簡單的逆境來形容了。社會中真的存在某些人，他們無風起浪的散佈謠言，造成社會的混亂，造成人們的恐懼、慌亂，破壞了別人本來平靜的生活，這些人的行為，已經是罪業，是魔道了。

對待這樣的現象和這樣的人，我們能怎麼做呢？一方面，當然要堅決地制止，讓每個人都平安、愉快地生活。另一方面，也要加強自我的修養，也就是佛家的修持，不輕信也不傳播，讓自己的心平靜、客觀地面對社會上的所有變化，以善良的心去對待他人。雖然很多人不信仰佛教，但是能做到這一點，不也是為這個社會創造了一片淨土嗎？

你要的是什麼？

雍和宮是北京藏傳佛教的一個聖地，前幾天我去了一趟，看見了一件很有意思的事情。其實，這樣的事情在每一座寺院都經常發生，也是很有代表性的吧。

在法物流通處，一個女遊客想請一件護身符，那是一個可以掛在脖子上的玉墜。女遊客問工作人員說：『玉墜上的人物，是佛還是菩薩？』

工作人員回答她：『這是妳的守護神，每一個生肖都有不同的守護神。』

那位女士還是追問：『那我的守護神，是佛還是菩薩啊？』

工作人員顯然並不太通佛法，她也說不清楚其中的分別，只是回答說：『守護神就是神。』

那位女士不太滿意了，她就是想要知道玉墜上雕刻的是佛還是菩薩，兩個人爭論了很長的時間。

我明白那位女士的心理，對世俗人來講，佛的法力要比菩薩大得多，每個人都想請佛，這是世俗對佛門的一個很普遍的理解。

我對那位女士說：『妳不要強求是佛還是菩薩，首先妳要問清楚自己要的是什麼？對於每一個人來說，神都是可以護佑妳的。其次的問題是，如果妳誠心地禮佛，佛就在妳的身邊，就會保佑妳，而不在於妳的身上是不是佩戴了護身符。』

對於每一個禮佛、敬佛的人來說，他們都想得到佛的護佑，但很有意思的是，他們又都執著於是哪尊佛、是『管什麼』的佛。其實，在他們的心中，都有一個不可明說的想法，那就是禮敬人，而不是禮敬法。

佛法並不屬於某一個人，而是屬於天下的眾生，釋迦牟尼是以大智慧、大慈悲讓我們去領悟佛法的真諦，他為法而生，是我們的領路人。我們尊他為佛陀，是因為他對法的領悟比我們精深。但是法呢，早就存在在世界上了，我們每天的生活，都離不開這個法。

佛有千萬化身，在我們需要引領的時候，他總是出現在我們的心中，讓我們離他更近。這個近，不是法的近，而是引領我們的方式讓我們更加容易接受。當我們理解了佛的化身時，我們也就理解了法：原來，佛法就在我們身邊，我們只是沒有注意到。這時，佛的化身出現給了我們明示。

明白了這個道理，就能理解那位女士的困惑了。其實，佛法早就在她的身邊，她完全不必拘泥於是佛還是菩薩的形式，只是，你要相信有佛在護佑你，離你並不遠，這就足夠了。

我理解每一位請法物的人的善心，這說明很多人是相信佛法、敬仰佛的。但是，執著於法物的法力，這還是沒有理解佛法的真諦。比如說，很多人請了護身符，也恭恭敬敬地佩戴了，卻並不時時以佛的心修持，過了幾天，竟然將護身符的事忘到腦後，這樣的人也大有人在吧。

我想，如果能堅持修持，時時刻刻能感悟到佛法在身邊的道理，佛自然在護佑你，又何必拘泥於任何形式呢？要知道，你要的是佛法給你人生的指引，而不是禮佛的任何表面形式。

放下『捨不得』

一個朋友和我談起他現在的一些狀況。在別人的眼中，他算得上是一個成功人士：有才也有財，年近五十有嬌妻在側，嬌妻不但聰慧識大體，而且他們也擁有一個聰明漂亮的孩子。這一切在別人眼中看來已經是非常的幸運和幸福了，應該沒有什麼可愁的。可是我的這位朋友卻告訴我，他真的很擔心，擔心那一天事業下滑、家庭突變，這樣的擔心已經讓他連續幾天都沒睡好覺。

我知道，他其實是有些患得患失了。

仔細想，外人看來明亮迷人的光環背後，的確有著許多不為人所知的艱辛，以至於這份難得的幸福到手之後，反因為擔心改變而患得患失，我想世人恐怕皆難逃此劫吧！一無所有時苦苦掙扎在前進的道路上，成功之後卻不由自主地在成就與幸福的鮮花面前不知所措。

曾聽說過這樣一個故事。有一個並不富裕的家庭，男主人和女主人的工作辛苦且薪水不高，三個孩子還在上學，開銷不小。但是這一家人卻生活得十分快樂，經常笑聲不斷。他們的鄰近，住著一戶有錢人家，那個富人雖然有錢，卻並不幸福。每天聽到那家人快樂的笑聲，他都會迷惑不解、如坐針氈。後來，他問他的管家，怎麼樣才能讓那家快樂的人家不再那麼快樂呢？管家就說，你就送給他們一筆錢吧！富人聽信，第二天就送給那戶窮人家一筆鉅款。

窮人接到富人的饋贈，真是開心極了，他們就是賺一輩子也賺不了這麼多錢！男主人和女主人開始設想應該如何支配這筆錢，應該給孩子們添些什麼？這一大筆錢應該放在哪裡才不會丟失？直到半夜，夫妻倆因為這筆錢的存在而擔心、睡不著。最後，兩個人商定，還是把這筆錢還給富人。做了這樣的決定之後，他們終於可以安心地睡覺了！第二天，他們就把錢還給了富人。這個雖不富裕卻很快樂的家庭也終於又恢復了往日的歡樂。

也許有人覺得這種事在現實生活中不太可能發生。其實並非如此，當你仔細想想自己和身邊曾經發生過的事，想想自己曾經羨慕別人，如今自己也擁有了以後的心情，也許你就會更加理解這個故事真正想要表達的意思。

同時，從這個故事中我們也可看到捨與得的關係。佛說，捨得，重在捨不在得，捨比得更重要，有捨才有得。若是看懂了這句話，患得患失的心結自然會迎刃而解，這也是我那位朋友心病的真正癥結所在。人都應該知道真正讓自己坐臥不安的原因，只有這樣，才能對症下藥。

現實生活中，人們常把捨得連成一詞使用，實際上它們卻是各自代表不同、根本相反的兩個意思的字：捨為捨棄，得為取得、得到。捨與得組成的詞義卻成了願意割捨、不吝惜。在捨得之間加上個『不』字，捨不得就可以表示與捨得相反的意思了。

不過，在我看來，捨得與捨不得總是成對出現的，就像人們習慣於把捨與得連成一詞使用一樣。一個人捨得花費許多力氣和工夫去研究學問，卻捨不得那因努力而得來的地位受到絲毫的損傷；一個人捨得把過去的回憶統統鎖起來，輕易不示人也不見光，卻捨不得那新近的沒什麼回憶可言卻滿身光環的美麗有絲毫的改變。一個人得到了名譽，便擔心失去這『名』，以及由這『名』帶來的『利』；一個人得到了幸福與愛情，便擔心這情會變。

大千世界的林林總總常常會讓人有目不暇給的感覺，當你被困在捨得與捨不得之間時，其實不過是執著於事物的表象而忽略了事情的真相而已。我總想奉勸這樣的人，當你被困在捨得與捨不得之間時，只要看著『捨』與『得』，想想到底什麼是自己該得的，便知道什麼是應該捨的了！

人有煩惱是有原因的，會快樂也同樣是有原因。比如故事中那對貧窮的夫妻，他們雖然沒有太多的金錢，但他們卻很明白自己應該得什麼應該捨什麼，而在得財與得快樂之間，他們選擇了後者，雖然這樣的選擇需要代價，需要捨去那本不屬於自己的財，但我相信他們一定不會後悔，雖然這樣的選擇可能很難做到。

有人曾經問我，修行是不是一件很辛苦的事？所謂辛苦是要看你如何去看待。世人也許迷戀那燈紅酒綠、酒池肉林的生活，而我，一簞食、一瓢飲足矣。能夠清心寡欲地生活對世人也許很辛苦、很難做到，但對於我，一個修行者來說，我更喜歡那種安靜和簡單的生活，捨棄了浮華和奢靡的亮麗，只剩最真和最初的淳樸的生活，應該就是我所喜歡並會樂在其中。

生活中的許多事是強求不來的。能把世事看透，學會真正的捨與得，放下捨不得，絕對需要勇氣和睿智。《菜根譚》裡有句話說得好：『醲肥辛甘非真味，真味只是淡；神奇卓異非至人，至人只是常。』在世人看來有著光彩、神奇外表的人或事，其實本質一如既往從不曾改變，不同的也許只是看的人有不同的角度和不同的眼光罷了。學會了捨得，尤其是學會捨，學會給予，就會感到更多的樂趣和美好；學會了捨，自然就會看懂以前曾讓人迷惑的事；學會捨，學會放下，就會分別什麼是實在、什麼是虛幻，自然會增長智慧、增長無上菩提。能夠捨得的同時也就意味著放下了許多困擾和煩惱。

一位修行者寫過這樣一首偈子：

春有百花秋有月，
夏有涼風冬有雪；
若無閒事掛心頭，
便是人間好時節。

捨得捨得，有捨才有得，而捨比得更重要。相信如果世人都學會了捨與得，自然會減少貪嗔癡怨憎會的業障，少一分業障便會多一分菩提！學會捨得，日日也便都是好時節了。

用『心』看事情

人們常說耳聽為虛，眼見為實。說明對於事情的發生，只靠聽說是站不住腳的，聽來的很可能是失實，必須親眼看見了，才能證實這件事的真實性。

可是，看看下面兩個故事，就會知道眼見也未必都是真實。人的眼睛所看到的，也有可能只是表面，只是假象。

一個身懷十萬元鉅款的商人去某市進貨，住進酒店後便把自己所攜帶的鉅款存進酒店的保險櫃中。當時城裡剛有一家高級的商場被盜，其中有八只金錶相當值錢，據說每只金錶的價值都在八萬元以上。商人吃早餐時，他聽鄰桌講起了金錶被盜之事；中午吃飯時，又聽說有人買到了那種被盜的金錶，轉手便賺了幾萬塊；待到晚上吃飯時，他又聽人說起了金錶的事。吃完飯回到酒店，接到一通神秘的電話和他說起自己手中有兩只那種被盜的金錶，問他有無興趣帶兩只回去。

出於商人的敏感，他算了一下，如果真的能把這樣的金錶買到手，那賺的錢會比這趟進貨賺的錢多得多。於是他同意與此人面談，最終以九萬元的價格買下了三只金錶。第二天他再仔細想這件事時，覺得不大對勁，於是拿出自己所買的金錶請人檢驗，結果總價不過也就三千多塊錢而已。

後來當騙子們落網後，商人才知道，從他一到酒店存錢開始，騙子們就盯上他了，然後這一整天他聽到的所有關於金錶的話題，都是專門說給他一人聽的。兩個騙子先後雇了十幾個人來對付他，直到他掏錢買錶為止，如果第一天沒有奏效，第二天還有安排好的節目。

看了這個故事，不禁感慨騙子們的處心積慮。而在這樣的用心當中，商人所聽到的和所見到的又有多少是真實的？

如果說當人們特意安排好了騙局請君入甕的時候，耳聽與眼見都得多加小心的話，那麼人們的無心之舉也未必都是眼見為實的。

孔子被困在陳國、蔡國之間，只能吃些野菜，七天沒有吃到米食。後來顏回去討米，討來米後燒火做飯，當飯快熟時，孔子看見顏回抓取鍋裡的飯吃。

過了一會兒，飯煮好了，顏回拜見孔子並且端上飯食，孔子假裝沒有看見顏回抓飯吃這件事，起身說：『今天我夢見了先君，把飯食弄乾淨了，然後去祭祀先君吧。』

顏回回答說：『不行。剛才看到灰塵落進飯鍋裡，因為扔掉沾著灰塵的食物不吉利，所以我就抓出來吃了。』

孔子嘆息著說：『我們所依靠的是眼睛，可是眼睛看到的還是不可以相信；我們所依靠的是心，可是心裡揣度的還是不足以依靠。學生們記住了：了解人本來就不容易呀。』

可見，這耳聽為虛，眼見為實也並不都是一定的，眼睛看到的也並不都是真實的。事實上，很多時候，人們還會被自己的眼睛看到的假象所蒙蔽，從而做出錯誤的判斷。如果耳朵聽見的和眼睛看到的只是事物的表象或者是事物的假象時，那麼由此做出的判斷，也必然是錯誤的。

人生在世，總要依靠自己的耳朵和眼睛來聽來看，靠嘴巴說和手寫來傳達資訊，用腳來行走，然而五官的存在其實只給人提供一個認識世界的媒介和工具而已，真正做出決策的應該是人的頭腦和內心。

我想，在看了這樣的故事之後，大家應該心生警惕：單靠耳朵和眼睛給事物做出決定性的判斷，其實未必準確。關鍵還是要用心去看去想，透過事物的表面看到它的本質，依此再做出判斷。

思考夢，但不執著夢

一位弟子問我：『師父，您是否會做夢？』

我說：『當然會啦。』

他又問：『您是否會被夢中的事所纏繞和困惑呢？』

我肯定地說：『當然不會。』

他再問：『為什麼呢？難道您不覺得夢中之事有一些涵義嗎？』

我告訴他：『我會思考我曾做過的夢，但我不會為此而執著。』

對於夢，既有日思而夜想的夢，也有暗藏隱喻的夢，但更多的，我覺得那只是平常發生，沒有預示也不應執著的夢。如果人們每天都要對自己做過的夢百思千慮的話，那麼這一天的時間恐怕都要花在這上面而一事無成了。我們又如何看待其他的夢境呢？如何看待那些讓自己痛苦、恐懼或甜蜜的刻骨銘心的夢呢？如果可以因此明白：夢裡見到、感受到的一切終究是虛幻，醒來後什麼也看不到摸不著，就如同世間本是無常，沒有開悟的人在六道中輪迴就像人在夢境中經歷一樣的話，那麼，任何夢都是有價值有意義的了。

有一篇《枕中記》，是說在玄宗開元年間有個道士呂翁在邯鄲道上旅行，遇見一名少年盧生因得不到功名而失意長嘆，於是就給他一個瓷枕。這時，客舍主人正在蒸黃粱做飯。盧生躺在枕上，恍惚中竟進入枕內，和一大族的女子崔氏成婚，並中了進士。此後歷任中外顯官，屢建功業，位崇望重，貴寵無比。不料卻因遭人忌害，曾兩度貶往嶺南。後來年過八十，因病去世。此時盧生伸了個懶腰醒轉過來，見主人飯還沒蒸熟，才知五十多年的榮悴悲歡，不過是一場夢而已。

據說，《枕中記》在唐代流傳頗廣，還因此有句成語『黃粱一夢』。不知道人們看了這成語及典故之後會有什麼樣的感受，我覺得這其實就是說生命無常，夢也無常。都說是朝如青絲暮成雪，都說是五十年榮辱悲歡不過是空，無常真是快得驚人。

永嘉大師寫下的證道歌中也講到了夢：

絕學無爲閑道人。不除妄想不求眞。
無明實性即佛性。幻化空身即法身。
法身覺了無一物。本源自性天眞佛。
五蘊浮雲空去來。三毒水炮虛出沒。
證實相。無人法。刹那滅卻阿鼻業。
若將妄語誑眾生。自招拔舌塵沙劫。
頓覺了。如來禪。六度萬行體中圓。
夢裡明明有六趣，覺後空空無大千。
……
諸行無常一切空。即是如來大圓覺。

夢裡明明有六趣，覺後空空無大千。夢可不就是這樣！你醒著的時候並不知道自己就要做這樣的夢，可是你雖然可能從未經歷過夢裡發生的一切，夢境裡的一切卻都顯得那麼真實，真實得讓你分不清自己到底是在夢裡，還是在生活中，彷彿真的發生了那樣的事，彷彿真的經歷了那一切。

夢裡也有喜怒哀樂，也有悲歡離合；失去了你所愛的，也會在夢中痛哭流涕；得到了你想要的，也會在夢中笑逐顏開；看到了你所厭惡的，也會在夢中避猶不及……一切似乎都那麼真實，比自己真正經歷的生活還要真實，清清楚楚明明白白，然而醒時便是空，取不得捨不得拿不到也送不走，什麼都沒有，什麼都不存在了，一切都是虛幻的，而這種虛幻的感覺讓你懷疑剛才夢中的一切真的發生過嗎？

從佛教來講，夢裡明明有六趣，是說在人的夢裡也有如世間的六道，同樣有天道、人道、阿修羅三善道；又有地獄、餓鬼、畜牲三惡道；可是當你開悟以後，則是覺後空空無大千了。這是說，如果你真的明白了，別說是身體的六道輪迴，就連三千大千世界都沒有，都空了。凡所有相，皆是虛妄。覺悟以後，大千世界都沒有了，何況人的身體？還要執著什麼？看不破什麼？放不下什麼?!之所以還在執著，還看不破，還放不下捨不得，就是因為還沒有覺悟。如果真能覺悟了，行亦禪，坐亦禪，時時有禪心，處處有禪機。你覺悟了，就會明白無人相，無我相，無眾生相，無壽者相；過去心不可得，現在心不可得，未來心不可得，三心了不可得，四相也空了，也就沒有什麼可執著的了。

如果說，你不是佛門弟子，也不知道佛教裡如何看待六趣和空，我也想告訴你，不要執著於夢境，迷與悟，只是一念之間。人生，本是無夢亦無醒，看你用多大的智慧來看待。夢本來是虛幻的，在你真實的生活中是不存在的，但每次夢醒，尤其是惡夢初醒，總是心有餘悸，待明白一切不過是夢一場的時候，才略略鬆了一口氣，慶幸這一切都不是真的。

可是，你又怎麼能知道什麼是真的什麼是假？有時候，夢裡的一切又會碰巧出現在現實生活中，你能說那些都是假的嗎？於是，你想要解夢，想知道夢裡的一切如果應驗到生活中會是什麼樣。可是如果真是如此了，你是否會覺得生活越來越累呢？明明是一個世界的生活，卻活活地被自己變成了兩個世界的生活；每天考慮著來自於第二個世界的生活，卻只有一個世界的精力與精神，生活當然就越來越累了。所以我說，與其執著於夢境不放手，不如撒開這一切不去管它。反正該來的總是要來，該走的擋也擋不住，我只盡到自己的力量就可以了，至少於心無悔。

夢也不是一無是處的。比如說，我非常非常喜歡一個人，但是卻永遠也無法擁有，那麼就在夢裡擁有他（她）一會兒，一會兒就好，夢醒了，一切如常。雖然只是夢裡這一會兒的擁有，也該滿足。畢竟擁有過了，幸福過了，就可以了！還有，在夢裡，你可以做一些在現實生活中永遠無法做到的事，比如當了國王，成了天使，有了翅膀，可以像超人般飛翔……

可是，夢不是我們所能控制的，也因此才有那麼多人對夢有那麼多的迷惑、誤解和執著。有智慧的人會明白夢到底是什麼，他們也會在快樂的夢中歡喜，會在悲傷的夢中傷心，會在奇怪的夢中體驗新奇，也會在可怕的惡夢中驚醒。但他們知道，這一切都不過是夢而已，終會過去。

因此對於夢，不要極端地認為它好或者不好，關鍵在於你如何去看待它認識它。其實，我們完全可以單純地享受夢裡的一切，如果你還能從夢中悟出一些道理，就更好了。

你要餵那一隻狼？

曾看到這樣一則小故事：一位老人給孩子們講思考人生真諦的故事。他說在自己的內心深處，始終有兩隻狼在交戰，『一隻狼是惡的——牠代表恐懼、生氣、悲傷、悔恨、貪婪、傲慢、自憐、怨恨、自卑、謊言、妄自尊大、高傲、自私和不忠；另外一隻狼是善的——牠代表喜悅、和平、愛、希望、承擔責任、寧靜、謙遜、仁慈、寬容、友誼、同情、慷慨、真理和忠貞。』

當孩子們問老人，究竟哪一隻狼會獲得最終的勝利時，老人回答說：『你餵給牠食物的那隻。』

其實每個人內心深處也一定有這樣的兩隻狼在交戰，只不過有些人還不知道或是不注意而已。這種善與惡的對立、天使與魔鬼的交鋒，是我們無法避免的，因此，人們需要自省。所謂諸惡莫作，眾善奉行，自淨其意，其實就是要讓人們反觀自照，淨化自己的心靈。

在佛學中，一般出自身、口、意的有意向的任何行為，都可以叫『業』，有業便有業報，但『業』是因緣的產物，可以分為善業和惡業，惡業也可以稱為罪業。善業和罪業也可以看作這個小故事中代表了善與惡的兩隻狼，只不過佛門所說的善更廣義一些，凡是利於證得菩提的都可以被稱為『善』，而不僅僅是簡單的世俗倫理與道德。罪業則泛指一切不良業力和習性，是修證菩提的一種暫時的障礙。

佛門中講善業和罪業，都是有因緣和因果的，罪業大於善業的話，修證菩提的障礙就大；善業大於罪業，就容易修得無上菩提。如同故事中那代表了善與惡的兩隻狼，餵了哪一隻，哪一隻的力量就會增加，打敗另一隻的機會也會增加。如果希望善的那一隻獲得最終的勝利，就要餵這隻代表了善的狼，而餓那隻代表惡的狼，這樣才會增加善業減少罪業。

如同打掃室內一樣，如果屋子陳年不打掃，灰塵污垢就會遍佈在各處，即使是角落或狹小的縫隙也不例外。所以為了生活得乾淨，我們就要經常打掃。人的心靈也一樣，需要經常打掃才不致灰塵遍佈。

人心如大地，能生五穀、花草樹木，也能生出雜草、荊棘和沼澤，只有時常『自淨』，才能保持心淨而不被那叢生的雜草荊棘刺破、阻攔。佛理告訴我們，身、口造業易見，意念的犯罪難察，卻也是最可怕的。要想使身、口、意三業清淨，就要從點滴事做起，時常保持心靈的清淨。而淨心就如淨屋，所謂『掃地掃地掃心地，不掃心地空掃地；人人若能勤掃地，人間何處非淨地』，就是這個道理。

有人也許會問，我是活佛，難道我也會有這樣的交戰在內心發生嗎？儘管我是活佛，但我現在還不是佛而是人，因此也就逃脫不了六道的輪迴，內心多少還是會有這樣的交鋒。尤其是生活在塵世當中，免不了受到俗世中光怪陸離的種種誘惑，為了保持內心的清淨，排除外界對我修行過程中的干擾，我也需要打坐和修持，只有反觀自照，打消妄念，才會有一顆清淨的心，看到顯現的菩提。

就像我小時候，也曾做過一些錯事，七、八歲時被我誤傷的那隻烏鴉的影子，還始終留在我的心底，讓我時時提醒著自己，決定要做一件事之前，一定要好好思考，因為有些事情一旦做錯了，恐怕就沒有補救的機會了。雖然當時我還不懂得那些深奧的佛理，但經過那樣的事，也漸漸明白因果的道理，而且從那以後，我更加善待生命，善待每一個有生命的個體。

自己曾犯過的『惡』的錯誤，也讓我明白，人在世間走這一遭，因上世的因緣，總會犯一些錯，做一些無法彌補的後悔事，但後悔不是問題的關鍵，最重要的是在這些錯誤和『惡』事中反省、反觀自己，並且自淨其意，這樣才不枉經歷那段因緣。

就如同故事中的老人一樣，只要不去餵食那隻惡狼，而只餵食那隻代表著善的狼，即使曾經錯過也不要緊，我們終究會在不斷餵食代表善良的狼，使善良的那一隻日益強壯，最終戰勝那隻惡狼。

即使你覺得自己心裡那兩隻狼的交戰並非如故事中所說那樣激烈，甚至根本感覺不到內心有什麼善惡在交戰，自省對於自己仍然有著很大的好處。就像那句俗語所說的，『戶樞不蠹，流水不腐。』經常反省自身，會給自己進行比較正確的評價，有利於進一步的發展。而且，經常反省的最大好處，是可以避免一些外界不良因素的侵蝕和誘惑，可以在反省時得到及時的發現與改正。我記得古時候就有這樣一首詩：

半畝方塘一鑒開，
天光雲影共徘徊；
問渠哪得清如許？
爲有源頭活水來。

這首詩其實也可以看作是吾日三省吾身的典範，因為如果不反省自身，哪裡來得源頭活水？沒有源頭活水，又哪來得如許清渠？只有自省其身，自淨其意，才能有那無拘無束的心靈，共那無拘無束的天光雲影徘徊；只有自省其身，自淨其意，才能讓心靈不受污穢不執著，成為那有天光雲影也有如許清渠的半畝方塘。

吾日三省吾身，誰都可以試試這種可以讓心靈清淨的方法，正所謂『心田不長無明草，覺苑常開自由花』，當你真的做到了反觀自照，也許你就會看到菩提自顯。

慢慢走慢慢活

有個朋友曾說，每當他看著城市街道上擁擠的人群，不斷地邁著不同的腳步奔向不同的地方，但卻是一樣的緊張神情，一樣匆忙的步伐時，讓他也會不由自主地跟著繃緊起來，莫名地就覺得壓力增大，呼吸急促。

社會總是如此，當它給予你發達的物質生活和財富時，與之相伴而來的，必然會有快速發展的壓力。人們為了適應這種發展的進度，自然要不斷地提高自己前進的速度。當你身處其中卻渾然不覺的話，那麼你就是幸福的，因為在速度的前端感受這種速度帶來的新鮮和激情完全可以成為一種享受。

但是，當你發現生活的速度越來越快，快得連仔細思考的時間都變得奢侈的時候，你會發現從前生活裡的大多數樂趣已經被日益迅猛的發展速度擠掉了，此時，你所感受到的必然是一種緊張和壓迫感，甚至會有那麼點悲哀的感覺。

這位朋友大致是屬於後一種情況。當他隨著這種速度和激情不斷往前衝，已經為自己掙得了一份較為寬裕的經濟基礎之後，才想起該回頭審視自己的生活，然後才發現，那麼多日子竟然就匆匆地流逝了，在速度的轉彎處消失得無影無蹤，像是從沒經過一樣。換成別人，也都會產生如此的恐慌感吧！

其實，有時候生活的速度可以由自己來控制，你既可以選擇一種潮頭浪尖似的生活，也可以慢慢享受平靜恬淡的日子，甚至把這兩種看起來完全不同的生活結合在一起，既享受速度同樣也享受安逸，只要你願意，一切都會在自己的掌握中。

不過，人們總是經過之後，才會在偶爾的回頭時，發現原來那一段日子早已在汲汲營營中過去了！而這樣匆忙的度日，到頭來到底是為了什麼？

有一位母親帶著四歲的兒子過馬路，突然一輛失控的轎車猛然衝向他們。這位母親來不及躲閃，於是本能地轉過身，護住了自己的孩子，希望這樣可以減輕對孩子的傷害。在長長的煞車嘶叫聲中，轎車終於在這對母子前面停了下來！這對母子和司機，以及附近的路人都被嚇呆了，在那一瞬間，世界彷彿停止了轉動，一切都凝結成一個靜止的畫面。

然後人們紛紛走過來，詢問母子倆的情況。母親從巨大的驚嚇中回過神來，對周圍關注的人們說著『車沒撞到我們』，然後把兒子緊緊地摟在懷裡。司機是位老婦人，她驚魂未定地緊握著方向盤，然後說道：『有一輛車在我面前突然轉彎，讓我的車失去了控制……』實際上，那位老婦人當時行色匆忙，是想要趕下一個路口的綠燈。而那位在老婦人前面突然開車轉彎的司機肯定也是在趕時間，至於這對差一點就丟了性命的母子倆，則是為了省下兩分鐘時間，打算在中途穿越馬路，而沒有多走半條街到十字路口去過斑馬線。

這種事未必就不會在我們的身上發生。當我們每天匆忙地穿行於生活，甚至只是為了省下兩分鐘的時間時，不妨想想這個小故事，不要只是因為想省下兩分鐘卻讓我們失去更多。假如轎車沒有停住，那麼等待他們的必然是一場慘案，留給人們的也將是一個血的教訓。對於他們各自的家人來說，則會是終生的痛苦，難以彌補。

對於時間，我們當然不能浪費，但節省的辦法卻絕不能如此。儘管現代人的生活緊張得讓人窒息，但是像這樣的兩分鐘其實無論從哪裡都能輕鬆的省出來。發呆時、抽煙時、喝酒時，或者無聊地一遍遍翻著過期的報紙時，與人閒聊時……生活中有大把的時間在人們的手中毫無意義地溜走，人們卻會在想起時為了節省幾分鐘的時間而拿自己和別人的生命冒險！

生活緊張工作忙碌的現代人不妨仔細想想，自己每日如此忙碌到底為的是什麼？可能會有人說，為了生活，為了賺錢啊！其實，工作固然緊張，但是否需要做出如此巨大的犧牲才能取得一個好的工作效果和成績呢？顯然不是。只要把自己的生活做好計畫，凡事就能井井有條，而不必每天盲目去工作、去生活、去奔波。

所以，不妨把習慣了的匆忙腳步放輕鬆、放從容一些，就會發現日子可以過得很不一樣。

PART 3

先做到我為人人

幫助別人，就等於幫助自己

很多人講，佛教弟子樂善好施，總是以自己的全力幫助別人。這話是對的，我們常講的『慈悲』，就包含著兩個意思，一個是讓別人快樂，這是『慈』，另一點，就是去除別人的煩惱，這就是『悲』。每一個佛家弟子都有大慈悲心，讓別人得到大自在和大解脫，具體做起來，不就是讓對方快樂，沒有煩惱嗎？

不過，也因此有人問我：『仁波切，你們佛家人總是無償地幫助別人，就真的不圖回報嗎？』

其實，這樣的問題是沒有深刻領悟佛教的精神。我只能說，並不是做為弟子的我們在幫助世人，而是，佛在引領世人。我們所做的，就是佛要求我們做的。要明白，幫助世人的人是佛，而不是做為眾生的修持者。

做為一個佛家弟子，我們每天都在領悟因果關係。佛家講因果，這是每個人都知道，也是佛家弟子時刻銘記的。但是，又有誰能說自己完全徹底地領悟了因果呢？其實，我們的修持，也就是在每一天的進步中，更深地領悟因果關係，這可是一輩子都修行不完的功課。

我們講因果，所以我們知道幫助別人就是在幫助自己的道理。我們今天所做的善行，會在輪迴中正覺，而不是在現世中要求別人的回饋，如果這樣想，就徹底地誤解了佛教。我想，有很多人在最初信仰佛法的時候，都是要求現世回報的，這種想法也很正常，慢慢地經過修持，就會更深地理解因果關係。

當然，在現實世界裡，如果我們一直與人為善，不做損害別人的事，不起傷害別人的惡心，我們都會得到社會和他人的好評，這種來自別人的評價，可以為一個人帶來良好的名譽、地位，進而可以更好地工作、生活，世俗地講，不也是回報嗎？

在佛家，我們對世人的幫助，也是可以得到現實的回報。比如說，我們所幫助的人，會對佛感恩、信任，雖然不一定有和我們同樣的信仰，但是，在我們的感召下，他們可以給佛家佈施，也可以以自己的經歷去感化別人，這些，不都是對我們的回報嗎？

現實社會裡也有很多為人處世的道理，和佛家的相近。比如說，很多人相信尊重他人，就可以換來他人對自己的尊重，就是這個道理。

當然，對修持的弟子來講，幫助別人是不能只把眼光放在現世的物質回報的，在這一點上，我們一定要以『幫助別人就等於幫助自己』的觀念出發，而不能在這個過程中有貪嗔癡的欲望。

有一個小故事，我相信很多人都聽過。

從前有一個盲人，在晚上出行的時候，都會提著一個燈籠。很多人見了奇怪，盲人提燈籠，這不真應了『瞎子點燈——白費蠟』那句話嗎？後來，人們說，這真是個菩薩心腸的人，雖然自己看不到，也要照亮別人。

當然，我們可以這樣看問題。可是，從另一方面來講，他在幫助別人的同時，不也幫助了自己嗎？他看不到道路，難免會碰到他人，這樣做，也是在提醒路上的行人，不要相撞。

這個小故事不是一個很好的例子嗎？幫助別人，就是在幫助自己。而且，它也是一個很好的因果關係的例子。有時候，我們種下的因並不是我們想做的，或者，是我們無心去做的，就比如那個盲人，其實他的本意是想讓路上的行人看到他，但是，既然我們做了，就會有果，盲人本想得的收穫是行人不撞到他，但是，他又因此得到了社會的尊重和他人的肯定，這不就是果嗎？

提升自己的第一扇門

如果一個人在提升自己、完成高尚人格和修養的過程中，需要像電腦遊戲中那樣，由低到高經過很多房間的話，那麼，第一扇門在哪裡呢？我們在這間屋子裡，又該學到什麼呢？

對這一問題，每個人都有不同的答案：學識、智慧、明理、健康、道德等等。我可以先講一個自己的故事，那是我在印度求學的一段經歷。

孟買佛學院是印度最著名的佛學院之一，它歷史悠久，曾經培養出許多著名的佛學領域和哲學領域的學者。但它最讓人津津樂道的是，它給每一個學生上的第一堂課是那麼與眾不同，這是其他佛學院裡所沒有的。聽了解孟買佛學院的人說，幾乎每一個上過這堂課的人，都從中受益，並對學業和人生產生了深遠的影響。

這堂課很簡單，只不過，因為它微小得實在算不得一堂課，也並不是嚴格意義上的課堂講授，所以被外人忽視掉了。可對於佛學院的學生來說，這可真稱得上是『入門』了。

每一位第一次進入孟買佛學院的學生，都會被老師要求從正門旁邊的小門經過。這個小門又矮又窄，從那裡經過，即使是最瘦弱的學生，也必須彎下腰來，低著頭『鑽』過去。儘管在這裡學習的學生，有我這樣的轉世靈童，有佛學造詣已經很深的僧人，甚至，有的已經得到了很高的學位，但是，這扇門對任何人都是一樣的，凡是要在這裡求學的人，都必須經過它，沒有職位、學歷高低的分別，更沒有對尊貴和體面的癡迷和執著。

就是這扇門，濃縮了佛學和人生哲學的精華，它成為每一個人提升自己所經歷的第一扇門，只有經過了這一扇門，我們才能進入第一間求學的房間得到修鍊。

這扇門告訴我們，想要提升自己，首先要學會彎腰，學會放棄地位、面子等等虛幻的東西，更要明白一個道理：世界上並不是每扇門都是寬大地為你敞開。在順利的時候，我們昂首走過了大門，迎接我們的是鮮花和掌聲，但是，更多的時候，我們要走的，就是這樣的小門。

如果不想經過這扇小門，你就要被擋在院牆之外，院牆裡的所有風景，你都看不到，院牆裡所有的知識和真理，你都無法學習。

現實世界中，很多人的確具備了很高的學識、很聰慧的頭腦，但是，這並不是提升自己的第一扇門。我們當然可以看到，有一些人利用自己的頭腦和學識，做一些不道德的事情；或者，也有這樣的人，他們恃才傲物，不懂得尊重他人，總以為自己了不起，總以為自己說的做的都對，不聽取別人的意見還在其次，甚至還貶低他人、嫉恨他人，在工作和生活中排除異己，打擊報復有不同意見的人。這樣的人是不具備高尚的人格和完美的修養，他們缺少的，是經過第一道小門。

在歷史上，凡是成就了偉大事業的人，都具備著偉大的人格，而修鍊自己的人格，首先就是學會彎下腰來，虛心、謙虛、寵辱不驚，不會因為一時的風光而喪失自我，更不會因為一時的委屈自暴自棄。

這樣的人，在現實中也顯示出他們巨大的人格魅力。我們知道，現今的社會，完全靠自己單打獨鬥是不可能成就事業的，我們要靠合作，靠智慧的集中和工作環節的配合。而所有配合得好的搭檔，都有一個很重要的特質：懂得尊重對方，而不是一意孤行。

從許多合作不成功的例子，我們都會聽到這樣的怨言：『我做的沒錯！』或者埋怨對方哪裡做不好，就是不從自己的身上找原因。不懂得合作的人，又有誰能和他合作呢？又怎麼能成就一番事業呢？可是，如果不懂得彎下腰來，又怎麼懂得合作呢？

提升自己的第一扇門，不只在孟買的佛學院，其實，它就在我們的心裡。它是那麼小，很多人完全忽視了它。可是，一個人連這樣小的門都打不開，又怎麼能打開更大的門呢？

好好利用你自己的銀行

有這麼一個故事，說的是管理學方面的事情。

一天，一個管理學的教授給學生們上課，他拿著一個瓶子，往裡面放了一塊剛好能通過瓶口的鵝卵石，他問學生們：『這個瓶子滿了嗎？』

學生們當然回答：『還沒滿。』

教授又往瓶子裡放了很多小石子，小石子堆到了瓶口。他又問學生們：『這一次瓶子滿了嗎？』

學生們看了看，瓶子裡還有很多空隙，仔細看還有陽光能透過來，他們說：『還沒滿呢。』

『那好。』教授又用很多細沙仔細地往瓶子裡灌，邊灌邊晃動瓶子，好讓沙子能落到每一個空隙裡，過了很久，他舉著再也灌不進沙子的瓶子問：『這回總滿了吧？』

很多聲音說，『差不多了，滿了。』也有幾個很小的聲音在懷疑，『這也不能算是滿吧？』

教授笑了笑，他又從講臺下拿出水壺，往瓶子裡灌，到了水溢出來的時候，他對學生們宣佈：『我想，大家可以確信，這次瓶子肯定滿了。』

學生們都點頭，紛紛說：『是啊，水能填滿所有的空隙的。』

教授這時嚴肅地問大家：『那麼，哪個同學能告訴我，這個試驗說明了什麼呢？』

『我們要講究效率，用好每一個空隙就可以成功！』

『我們要想多種方法，不要被表面現象所迷惑！』

同學們的回答五花八門，教授肯定地點了點頭。他說：『你們所說的都對。我還有個問題，這個世界上有這樣一個銀行，它每天給你八萬元，但是如果你花不完，你是不能把剩下的錢提走的。第二天，它依然會給你八萬元，可是前一天剩下的餘額要被清空。你們說，如果有這樣的銀行，你們會怎麼辦呢？』

很多同學幾乎是嚷著說：『花光它，每天都花得一毛不剩。』

『可是，這樣的銀行就在你的身邊，你們花光它了嗎？』教授嚴肅地巡視了一下課堂，他好像在每個同學的臉上都盯了一秒鐘，『這個銀行就是時間，你們每天有八萬多秒的時間啊，你們用上了嗎？』

剛才還吵吵嚷嚷的教室安靜了。

教授又舉起那個瓶子，對同學們說：『這個瓶子還告訴我們，如果你第一次不把大的鵝卵石放進去，你就永遠沒機會放了。』

這是一則關於管理學的故事，它告訴我們兩個道理，第一，我們要利用好每一個空隙，就像時間，想用的話，擠是可以擠出來的，但是，過去了就過去了，它不會存到第二天。

人的一生中，有一半的時間在睡夢中，剩下的，除了童年、老年，只剩下一半，在這一半中，又免不了遊戲、發懶、應酬、生病等等，這又占了多少年？其實，留給我們思考人生、修行的時間，能有多少？這還是說一個正常死亡的人，其實，人生無常的事情每天都在發生，比如戰亂、災害、意外、絕症等等。所以我們要好好利用時間，抓緊一切時間修行，為了自己也為了他人，不能有絲毫的懈怠。

第二，做事情要講究計畫，做事要有先後的次序，次序不對，效果就不同了。

我跟弟子們聊天時，說到了這個故事，我問他們：『兩個道理，都是故事裡說出來的，但是還有第三種道理，對於我們修持佛法的人，那是更重要的。』

修持，將佛法的一切貫穿於我們的每一天，將對佛的信仰放在我們每一天最重要的位置，只有這樣，我們的修持才可能精進。很多在家修行的弟子，免不了應酬，免不了勞累，很多人對我說過：『仁波切，我每天晚上睡覺之前都想打坐，但是有時候要見朋友啊，要處理家事啊，或者這一天太累了，就沒辦法堅持做下去。』

就像故事裡說的，你不可能再往瓶子裡放那塊鵝卵石了，小石子掉了出來，還可以放進去，沙子也可以，水蒸發掉一些，也可以再倒進去，但那塊鵝卵石是永遠放不進去的了。那塊鵝卵石就像我們的信仰，就像佛法，如果一個人每天讓小石子、沙子、水占去了時間，占去了心裡的位置，那麼，你的信仰什麼時候能放在心裡呢？

那些小石子、沙子和水，不就是日常生活裡的俗事嗎？它們多一些也可以，少一些也可以，石子不夠了，還有沙子可以補充，沙子不夠了，還有水可以填空，大多數人每天做的事，很多都是可做可不做的，只是意義大小而已。可是，石子、沙子、水，和鵝卵石相比，哪個更重要呢？

這就是我所說的第三層道理，信仰，對我們來說，就是那塊鵝卵石。我們可以擠時間，我們可以想各種各樣的辦法填滿一天的生活，但是，如果我們不懂得首先將信仰放到我們的新的一天中，那它又要放在哪裡呢？

我說了人生無常的道理，也說了信仰的重要性，我只是想告訴大家，利用好你自己的銀行，這個銀行，不僅僅是時間，也是每一天你所能做的事情，要分清哪一個是最重要的，要搞清楚次序。

有個真實的故事，藏地有一位大師，他在覺摩喀拉山洞窯中修行時，岩洞的入口有很多荊棘，每一次都刮壞了他的衣服。開始時他想清理一下。但他又想，也許等不到出洞，今天我就死在這裡，還是抓緊時間修行吧。當他出洞時又想，不知道出了這個洞口，明天還能不能再進來了。多年後，一直到他修行成就離開，這個洞口依然是荊棘叢生。

大師的成功之處在於，他懂得拔出自己的生死之根，要比剷除洞口的荊棘更緊迫！

你有兩顆心嗎？

這些年，走了很多地方，見過很多的人，我漸漸地發現，在世俗社會中，對人的基本評價和態度，真是隨著對方的身分而變的啊。

比如我吧，在我的家鄉，由於佛教的傳統非常強，幾乎每一個藏民對佛的信仰都是從小就開始的，所以，他們對我及任何一個僧人都非常禮敬。在都市中呢，知道我的身分的人，對我也是非常禮敬。但是，因為我在生活中和普通人一樣，裝扮、外表及日常的言談舉止都與都市中的年輕人無異，所以難免會有性格急躁的人對我說一些並不禮貌的話。

就算是我的一些俗家弟子，也有人跟我說：『師父，我在你的面前時，說話都非常小心謹慎，也盡量按照佛家的規範和您交往。可是，在社會上，我可不是這樣的了，責怪別人甚至辱罵別人的情況經常發生。』

我是藏傳佛教的一個活佛，我想，知道我的身分的人，對我的禮敬是對佛法的禮敬。比如，我不吸煙，很多吸煙的俗家弟子在我面前也可以三、四個小時不吸煙。我不喝酒，我們在一起吃飯的時候他們也可以不喝酒。

可是，很多在家修持的俗家弟子，在社會中卻不會很好地持戒，這是為什麼呢？和一個弟子閒談的時候，我問過一個弟子，他半開玩笑地說：『師父，我是怕您有法力懲戒我啊。』

其實，佛是不可能懲戒任何人的，對於世間的惡行和惡念，我會開釋引導，願意以佛法引領對方，感悟對方。我當然知道那個弟子說的話有些開玩笑的性質，但是他說的難道沒有真心的成分嗎？

對我來說，雖然我的身分特殊，但我更願意與任何人平等地相處，他們可以禮敬佛法，但沒必要讓我高高在上；對他們來說，能夠對我發善心，行善行，我認為對任何人都可以做到的。這不是擔心懲戒的問題，而是不理解佛法的問題。

很多人和我在一起，不吸煙不喝酒，和我做事時，不起貪念、不隨便嗔怪別人，這說明他們是能做到佛家的要求，但是當他們面對世俗人時，大醉的時候有，爭執的時候有，起惡心做惡行的時候也都有。

為什麼同樣一個人，有這麼大的差別呢？我想是這樣的，人有兩顆心。一顆心，是對我的身分過於執著，把我擡得過於高大；另一顆心，是對世俗中的人和事存在貪嗔癡，沒有眾生平等、我為人人的意識。我說，兩顆心都是不好的。

對我能做到的，試著對別人也這麼做，讓兩顆心化二為一，成為一顆佛的心，這才是正途。

怎麼樣才能讓兩顆心化二為一呢，我想，這就是我們修持的道理。所謂修持，從根本上說，是可以達到佛的境界，免受六道輪迴之苦，得大自在、大解脫；從基本的意義上來說，可以讓自己更有修養，在社會生活中祛除一切煩惱，得到平安和快樂。修持的人，會讓自己的心態更平和，既擺脫生活中的所有幻象，又能讓自己的品格、修養更高尚，在社會生活中，平等禮讓地對待他人、對待事業和人生。

對我能做到的，我想就能對別人做到，這是一個生活習慣的問題，如果一個人連不好的生活習慣都擺脫不了，他又能做什麼大事？即使一下子不能做得完美，但一定要試著去做，一定要行動，時時自省，刻刻修持，這就是進步了。

搬走那塊叫『習慣』的石頭

很多人信仰佛法，也願意皈依佛家，但是，一聽說佛家的戒律就有些畏懼了。我身邊的一些人就曾經問我：『師父，我吸煙喝酒都十幾年了，實在戒不掉，是不是不能皈依了？』我總是對他們說：『慢慢戒還是可以戒掉的。』

很多人立刻就能嚴格地遵從戒律，非常虔誠而且有毅力。但是，對於暫時不能很好地持戒的人，也不能武斷地評判他們皈依的心不誠。就像我以前說過的，只要心中有佛法，能夠好好地修持，就一定能夠堅持戒律，而且，所戒之事會越來越多。

也有很多俗家弟子向我求教，『師父，我已經很注意用善心去體諒他人，但是，往往我遇見一個人時，還是先用世俗的思維想問題，比如說他的來意啊、他是好人還是壞人啊。』

我想，對於生活在世俗中的人，對待世間的種種都有自己的習慣，就像見到一個陌生人，會從對方的外表、裝束、氣質、言談舉止等方面判斷他，這就是所謂『第一印象』，而這就是習慣。生活在世俗社會中，這是難免的。

但是，在修持佛法的過程中，我們卻必須努力克制很多世俗的習慣，比如吸煙、喝酒。讓一個習慣於它的人一下子戒掉是有難度的，但一定要明白，這是生活的習慣，而不是生活本身，認識到這一點，那麼，對戒律還會畏懼嗎？換句話說，如果相信習慣的力量要大於信仰的力量，那麼，這個人的生活還有什麼意思呢？

其實，習慣的本質是一個人的內心中生長的石頭，自己不去搬，它就一直在那裡。

我家鄰居的院落裡，多年來一直有一塊大石頭，露在地面上有一尺見方吧。很多人出入院子的時候都得小心，不然就會被絆一下。

記得小時候我問鄰居的叔叔，為什麼不把石頭搬開呢？

叔叔對我說：『吉祥，你看它露在地面上就那麼大，地下的部分不知道有多大呢，這麼重的石頭，誰能搬得走啊？再說，這塊石頭從我爺爺在的時候就有了，如果能搬，我爺爺、我爸爸，他們早就搬走了。』

我曾經想和他家的小夥伴搬掉它，我的小夥伴也說：『這石頭在我家這麼多年了，肯定是搬不走的。』

等我被認證為轉世活佛，從尼泊爾學習佛法再回到家鄉時，我看到那塊石頭已經不在了。

叔叔告訴我，是他家新娶的兒媳婦搬走的，說來也怪，當石頭被挖起來的時候，人們才知道地下的部分並不多，重量也不重。可是，它就在那兒埋了幾十年。

叔叔的兒媳婦沒有受到這個家庭習慣的影響，所以，她可以搬走石頭，而那位叔叔，包括他的兒子，都覺得上一輩人的話是有道理的，當他們習慣於認為那是一塊大石頭，當然就不想費力氣去搬動了。

看吧，改變一塊地方，只需要改變一下你因為習慣造成的固執心理。

那麼，要想改變一個世界，改變一個人，不也是同樣的道理嗎？

當我們面對陌生人的時候，我們習慣於立刻對他做出評價；當我們受到挫折的時候，我們習慣於埋怨別人；當我們放鬆修持的時候，我們習慣於不良的生活方式。

『習慣於做什麼』，這就是一個固執的心理，這種心理成為讓我們生活不快樂的石頭，成為我們心裡有貪嗔癡的石頭，你自己不去搬走這塊石頭，誰會去搬呢？

搬走那塊石頭，很簡單，從改變自己的習慣開始。就像我說的，連習慣都不願意去改變，都畏懼這種改變的人，又怎麼能改變你的生活和世界呢？

一切要靠自己

和弟子們談到佛祖會平等地保佑眾生時，除了給他們講解佛法無邊的道理，更多地，我總會提醒他們，要想成佛修得正果，就要學會自己開悟，一切都要靠自己。

在城市中行走，常會發現有著成群結隊的乞丐向路人乞討，乞丐中有年紀大的老人，有年齡很小的孩子，有抱著嬰兒的婦女，也有正當壯年的年輕人。每當看到這樣壯觀的隊伍在城市中穿行時，我的心裡常會湧出許多感慨，總覺得他們如果真的明白了一切要靠自己的道理，或許就不會選擇以乞討來過生活了。其實討生活的辦法真的很多，有很多都是不需要太多的手藝和技術的，只要靠自己出分力就完全可以做到。就像以前曾有一首膾炙人口的歌，聽說就是以『磨剪子、戧菜刀』的調子為基礎編唱出來的。假如說，磨剪子、戧菜刀仍得算是一個需要技術的行當，那麼收廢品則可以算得上不需要任何技術手段的行當了，只要肯出力，只要勤勤懇懇，收廢品的人也可以擁有一個相當美好的人生，不是嗎？雖然說如今的乞丐也算得上是一種行業，也有了職業乞丐一說，但我始終覺得，做乞丐，低眉順眼地乞求著路人廉價的同情和施捨，只為不勞而獲地享受幾餐飯，而那享受的背後卻是以出賣自尊為代價的，其實並不值得，也是讓人憂慮的事。對於人來說，我始終覺得這樣的交換並不值得，也無法等價。假如每個人都以乞丐的態度生存，那麼社會將很難繼續發展下去，因為誰都想靠別人的施捨而活，誰都不再靠自己生產發展，那麼誰都將不勞無獲。

誰都希望自己能過幸福的生活，但這幸福生活的得來則完全要靠自己的努力。所謂坐而言，不如起而行。只是想像，不付諸行動，不依靠自己的努力，始終只是鏡花水月的空想而已。你希望自己過什麼樣的生活，你選擇什麼樣的生活方式，最終你以哪種面目生活、示人，完全在於你個人的努力，一切都要靠你自己。

佛法開悟也是如此。其實佛法就在我們的日常生活中，而悟與不悟則在於自身。有人說，三世諸佛，十二部經，在人性中本自具有，其實就是這個道理。很多時候，我們自己擁有的東西，卻只有自己不知道；以為自己沒有而四處尋找，找到最後才發現，那要找的可能就在身邊或在自己的內心裡。

竟日尋春不見春，
芒鞋踏遍嶺頭雲；
歸來笑撚梅花嗅，
春在枝頭已十分。

這說的不就是這種情形！『般若無知無不知，般若無見無不見』，知與不知，見與不見，就看你自己是否用心去看、用心去想、用心去悟了！

一切都要靠自己，在日常的點滴小事中體會佛法的無邊與真諦，如人飲水，冷暖自知，你用心地想了，你自然就明白了。

宋代大詩人蘇東坡就曾說過：無一物中無盡藏，有花有月有樓臺。就在自然界的山山水水、花花草草中，其實蘊含著很多既深奧又顯見的佛理，能否發現和理解，就要靠你自己的悟性了。

愛自己，才會愛別人

一個女孩因為痛失了情人而走上絕路。面對這樣一個年輕生命的逝去，想想她那滿鬢白髮、年近花甲的父母，實在讓人覺得難過。

我經常對身邊的人說：眾生是平等的，沒有高低貴賤之分，也沒有大小厚薄之說。凡是世上的生命都是平等的，他們在世的形態、種類、位置有差異，但那不過是前世的因果而已，他們本身沒有貴賤，都有生存、發展的權利。

他們平等的地位應該受到保護，損害他們的正當利益則是不人道，是佛法所不容許的，應該受到懲罰。佛經明確規定：身、口、意三業中的第一條是不殺生。尊重生命是十善法的第一條。對於佛教來說，死是此一生之結束，現世之結束而已。人來世的幸福與痛苦都是自己正身修行的結果，誰都有可能在六道輪迴中或成為神、人神間（阿修羅）、人，或成為畜牲、餓鬼，掉進地獄。其決定的因素是你自己的德行。

六道輪迴是佛教裡的說法，通俗些說，六道輪迴就是對宇宙生物圈的一種概括，六道分別為天界、非天界、人界、畜牲道、餓鬼道、地獄。天界、非天界、人界為善趣道，是比較好的投生之處；畜牲道、餓鬼道、地獄則為惡趣道，是下等受罪的投生處。

眾生在六道中輪迴，人是為有形體中最高層次者，人生得之不易，因此在佛教中常告誡人們要珍惜人生，應發掘和創造人生存在的價值，做好此生應做的事業。

雖說凡人皆有死，人死的時候，此生所有的名利、親屬、財產都不能帶走，就連自己的身體也不能帶走，但為了避免死後墮入『三惡趣』之中遭受痛苦難言的折磨，就要努力做『止惡修善』的事，以便積德積福，遠離地獄之苦。

人都有生、老、病、死、苦的感受，一行禪師說過：被渴愛的躁動所逼，而忙著建立自己的小世界，就是『生』。無力面對自己的外在世界，就是『老』。無力面對自己的內在世界，就是『病』。被兩種無力感擊潰而被迫放棄，就是『死』。

生命是自己前世的造化和父母的賦予才得以有了今生，我們更應該珍惜自己的生命，而不是用自殺來摧殘無辜的靈魂。在生命中最不堪的時候能挺過去，就能化險為夷；在絕望中再堅持一點，希望就能重生，其實只是一念一差，卻改變了一切。

生命對於我們是一種難得的恩賜，如果相信前世今生，如果相信輪迴，我們就更不能對自己的生命不公。即使人們並不能真正明白六道輪迴的深義，至少應該在決定了斷此生之前，想想這一生我來到世上到底做了什麼？我為自己的親人、朋友做了什麼？我是否無愧於這一世的生命存在？

其實，當你被痛苦征服時，可以用一些禪修方法來啟發自己。比如有的人紓解痛苦最有力的方法是到大自然中，從自然景色中汲取靜心修養的力量；或者讀一段有關人生哲學的美文，讓自己的痛苦和矛盾在書的睿智裡得到安慰；還有人喜歡聽歌、唱歌、運動，這些方法都是可取的，都可以在人陷於痛苦和矛盾時給即將走進狹路的人生存的力量。

我知道，愛一個人的感覺和所有的細節帶來的快樂和幸福，而愛人不在的那種悲慟真的很容易把剩下的人由形單影隻的痛苦推到萬念俱灰的不歸路上。然而，我必須說，當你以為自己是多情的，忠情地，為了愛人的離去而自殺時，其實那種輕率和冷酷地結束自己的生命，是多麼絕情和不負責任的舉動啊！

對人，對任何生命來說，殺生就是殺生，破壞生命是罪惡，自殺也是殺生，是應當被嚴厲禁止的。愛是寬容和美好，絕不是毀滅。即使你所愛的人不在了，他（她）也依然希望繼續留在這一世的你要繼續生活下去，而且希望你幸福，絕不會希望你也悲觀地隨他（她）而去。

因此，對於那些因為親愛的人過世而深陷於悲傷和絕望的人，我希望他們能夠有勇氣對自己說：『不管我正在經歷什麼感覺，它們都會過去；即使它們回來，也不能持久。』只要你不試著延長它們，一切的失落和悲傷都會自然消退。

透視你的生命，去發現把愛更深刻地與別人分享的方法。生命的一切並不是宿命的，事在人為，不由任何外在因緣或事態所主宰，只有我們自己才能主宰自己的命運。要學會把健康幸福的希望從依賴他人轉到自身的努力上來，你只有學會了愛惜自己，才會真正地愛惜別人。

這就是我想要說的，愛自己，才會愛別人。無論什麼時候，都不要選擇用自殺的方式來得到解脫。

緩和情緒的七步法

有一篇文章提到，某次公車上發生一次口角，最後竟因為問路的一件小事而導致很多人大打出手。雖然文章多少有些誇張，但在平時的生活中有時也會看到類似的事，本來只是一些很平常的言語，甚至有很多是出於好意的勸說，後來卻因為一句傷人的實話導致了人與人之間的交流和溝通出現了巨大的裂痕，從而出現了一些在當時看來是無法調和的矛盾和衝突。

由此讓我想起了中國的一句古話：盛怒之下勿與人語。人在盛怒之下，往往會失去理智，做出錯事或是錯誤的決定，所以氣憤難平時，千萬不要輕易做出決策。

我覺得這句話講得很好，如果人們都能夠做到這點，相信許多口角和交惡就不會那麼經常地發生，而人與人之間的相處也會更融洽。有些人因為一時怒起，立刻做出一些錯誤的決定，而這些錯誤的決定絕大多數都是讓人後悔莫及，甚至可能是一失足成千古恨的重大錯誤決定。

有很多年輕人，因為缺少城府和閱歷，容易衝動，有時僅因一言不和便動手動刀，真的殺了人之後才感到後悔，可是坐在牢裡後悔又能怎樣？為什麼不在動手之前好好考慮一下後果呢？如果能記得盛怒之下勿與人語，又怎麼會大打出手？

不過，有時人在盛怒之下很難立刻因為想到這句話就變得心平氣和，儘管生氣卻又必須做出決定時又該怎麼辦？每個人緩解壓力和消氣的辦法不一定相同，但最重要的是，一定要找到一種適合自己解壓的辦法，因為無論是誰，在世上生活難免遇到讓人生氣、急躁的事，這時適當的消氣辦法絕對是必要的。

古代一位老和尚說了一個可以暫時緩和情緒的辦法，而且簡單易行。就是在盛怒時，用邁步走路來緩和自己的情緒：先向前走七步，再後退七步，如此三遍，基本上心緒就可以穩定安靜下來。我把這個辦法叫『七步法』，雖然自己並未有過盛怒時，但我卻用這個辦法緩解過自己緊張和焦躁的情緒，的確有效！

聽說，這個辦法對很多人真的有用。古時候有一個急性子的人雨夜回家，推門進屋之後，朦朧中，居然發現妻子與一男子同眠。他頓時怒火萬丈，就到柴房拿刀，想把妻子連同姦夫一併殺了。但他忽然想起老和尚的『七步法』，心想何不試試。於是就在院裡按老和尚的辦法先前進七步，後退七步，如此反覆三次，果然，心裡的怒氣消了不少。於是，他點亮燈，再進屋仔細一看，原來和妻子同眠的是他母親，母親因為外出回來，衣衫濕透，拿兒子的衣服臨時替換一下。一個簡單易行的『七步法』，一下子就救了三條人命！

盛怒之下，勿與人語，也勿許人。如果覺得自己在盛怒之下無法做到這些的話，不妨也試試這老和尚留下的『七步法』，相信會是個有得無失的好辦法！

做一顆最有用的石頭

矮國王是中古世紀印度的一位國王，因為個子長得矮小，總覺得自己在臣民們面前不夠高大威風，常為自己的矮小而感到沮喪。為了讓自己長高，矮國王命令國內所有的智者都要想辦法。但是試了無數辦法之後，不是沒有效果就是國王忍受不了，就連加高了王座也只不過解決了一時的問題，不是長久之計。

國王依然矮小。為此他大發雷霆，對智者們下令必須在一個月之內找到可以讓自己增高的辦法，否則格殺勿論！後來，其中的一位智者因為風濕病犯了，站不起來，於是藉機下令全國臣民從此一律用雙膝跪行代足走路，另外還要穿上寬大的斗篷裙以遮住腿部屈彎的下半肢，讓他們看起來是天生矮小的樣子。至於那些即使跪行也比國王高的人則全部被驅逐出境，這樣，國王就是這個王國裡最高的人了。

矮國王不明就裡，只看見自己成了王國中最高的人，卻完全忽略了那寬大的斗篷裙下彎曲的雙膝，一時間高興萬分，笑逐顏開。可是，被逼跪行的民眾卻在斗篷裙下醞釀著越積越多的民怨。

半年後，一位在深山隱居多年的修行者聽說了這件事，決定冒死進諫。他扮作普通人佯稱有寶物獻給國王，並告訴國王自己手中的寶物可以抵得上十個國家的財富，為了有所比較，借用國王頭上皇冠的珍珠進行比較。國王信以為真，便照做了，等待著一睹這稀世珍寶的廬山真面目。

然而當修行者小心翼翼地打開包裹時，裡面的稀世珍寶竟是一顆普通得不能再普通的大石頭！國王憤怒了，下令武士將修行者處死。可是修行者反問道：『如果欺騙國王的人都得死的話，那豈不是要殺掉全國的人民！』說罷，他立即站起身來，他的實際身高比國王要高一個頭還多。國王愣住了，這才明白原來皇宮內所有人的斗篷裙下竟藏著這樣的一個秘密，而自己其實根本就沒有改變這一生注定矮小的事實！

修行者見國王終於明白了事情的真相，便藉機點醒國王說：『其實，我並沒有欺騙國王，這顆石頭在國王看來也許毫無價值可言，但它卻是我在深山裡修行了二十年的朋友。對我來說，它的珍貴就如同國王的珍珠一樣！如果今天沒有珍珠的存在，沒有任何東西可以與這顆石頭比較的話，那我說這顆石頭就是世界上最珍貴的寶物又有什麼錯呢？國王您就像是這顆石頭一樣，雖然形體比珍珠大，價值卻是永遠也不及珍珠的萬分之一！依您的智慧，怎麼會捨珍珠不做而甘願做石頭呢？您要知道，在這個國家裡，您就是最高的人，其他人即使長得再高，見到您也一樣要跪在您的膝下，不是嗎？您應該做真實的您自己才對啊！』

修行者的一番話，終於使矮國王如夢初醒。國王不僅下令全國人民回復原來的雙足行走，更實施了全面的大減稅，以補償人民因自己一時糊塗所遭受的非人對待。當國王再度出巡時，全國人民跪在街道的兩旁高呼著：『偉大的國王，崇高的國王，國王萬歲！』每當這時，國王都會情不自禁地感到高興，不僅是因為自己又得到了臣民們衷心地愛戴，更重要的是，他終於找回了真實的自己。

生活中有很多人都曾有過這樣的想法，似乎別人的生活總是讓人羨慕，別人總是擁有鮮花和掌聲，而自己怎麼也比不過別人。和那些名人相比，自己似乎只剩下缺點和一無是處。本來每個人都有優點和缺點，而更重要的是每個人其實都是一顆寶石，只不過自己可能還渾然不覺，只是隨著外界的人云亦云，緊盯著別人的寶石空羨慕，對自己的寶石置若罔聞。長此以往，自身的寶石就會因為失去了自我而慢慢迷失，最終由寶石變成了最普通的石頭。

其實人應該對自己有個準確的自我定位，既不要過於自負也不能妄自菲薄，這樣才會找到自我存在的價值。雖然這並不那麼容易，也因此才有古語說『人貴自知』。就像故事中所講的那樣，也許我胖，但胖得有智慧；也許我矮，但矮得有性格；也許我醜，但醜得有自信；也許我笨，但笨得沒有煩惱；也許我殘缺，但一樣不失圓熟的觀念與奮鬥的激能……即使我不是鑽石，也不是珍珠，是一顆石頭，但也要做一顆最美的石頭，一顆最有用的石頭。

如果人們都能夠正視自己的缺點和優點，相信要做一個真實的自己並不很難。而當你真實地生活，真實地存在時，你一定會想方設法讓自己成為那顆最有用的石頭！

幸與不幸只在一念間

人們常會希望自己的生活能夠幸福，那些邀請我參加他們婚禮的人，更期盼我能送給他們生活幸福的永久祝願。這時，我都會毫不吝嗇地送上我的祝福，即使我知道，塵世間要想得到永久的幸福是多麼容易又是多麼困難的一件事啊！

要得到幸福真的很容易。每天看到初升的太陽，晶瑩的露水，飄浮的白雲，蔚藍的天空，或是春天樹枝上新冒出的那抹嫩綠，夏季裡絢爛的繁花，秋日裡那些金黃的收穫，寒冬裡最純潔的白雪……大自然的美好常會在你一瞬眼時便進入視線，帶著驚鴻般的震撼，甚至可以聽得懂小鳥們交談的語言，青草瘋長的聲音，小蟲們在深夜裡仍在不停歇的細碎的交談聲……一切自然而美好的事物都會讓人覺得心曠神怡，讓人覺得生活是多麼美好和幸福！

這樣的感覺好嗎？

好！

幸福嗎？

挺幸福的。

人自出生的那一刻起，便是享受著無數人的愛而降生，而降生，不過是另一段承載著更多愛的旅程的開始。父母之愛，兄弟姐妹之愛，老師之愛，同學之愛，同事之愛，朋友之愛，愛人之愛，還有很多你知道或不知道的來自社會上的陌生人之愛……每天都或多或少地在你身上發生著，而我們只是自覺或不自覺地接受著。只有當哪一天其中的愛起了變化，你才會意識到，自己曾經承受了多少愛！這些愛的存在時刻都提醒著你，你的身邊有愛，你永遠都不孤獨。

有愛的生活幸福嗎？

很幸福！

我們現在所處的社會，發達的科技帶來很大的變化，不只是手機的型號、種類、式樣每日翻新，功能越來越多，就連電腦普及到家家戶戶幾乎都有，交通工具的發展速度越來越快，人類早已實現飛上天空的願望，甚至在茫茫的宇宙中也留下了地球人的足跡……現代生活的發達與舒適程度早已超出了人類最初的設想。從這個角度來看，現代人的生活幸福嗎？很幸福。

可是生活又不是完全按照人的主觀願望那樣去發生、發展或改變，這就讓人們體會到不如意的痛苦，也因此有種種不幸福。而要改變這種不幸福的狀態，則要付出很多，甚至幸福對於痛苦而言，根本只是杯水車薪，解決不了根本問題。從這個角度來說，要想得到幸福又是非常不容易。

很多事物的存在並不一定都是美好，即使同一事物從不同的角度來看也是不同。古詩裡就說過，橫看成嶺側成峰，遠近高低各不同。雖然描寫的是山峰，但也告訴人們，同一事物從不同的角度去看，就會看到事物不同的側面。山峰如此，事物如此，幸福也是這樣。

也許一件事對於一個人來說是不幸，但對另外一個人來說，卻成了幸運。即使發生在同一個人身上的事，也可能因為不同的心境和環境而導致不同的觀點。俗話說，塞翁失馬，焉知非福？很多的幸與不幸似乎並沒有明確的界線，只在於人的意念之中的感覺。

相對來說，幸福似乎總是少於不幸。就像現在的生活，雖然已經很先進很發達了，但相對於人們快速增長的需求來說，物質和精神其實仍然處於相對匱乏的階段，因此總會不滿足，並因為不滿足而帶來不快、痛苦或不幸的感覺。因此說，幸福難求。

對於總有著許多欲望和需求的人來說，幸福於他（她）永遠只是遙不可及的奢侈品。即使得到，也會因為忽略或是懷疑，甚至更多的欲望，而掩蓋了幸福的本質，使之與幸福失之交臂。

有時候，幸與不幸，只在一念間，就看你是如何看待和對待。誰都希望自己的生活能夠幸福長久，但是真正的幸福還是要用心去感受，而且需要努力去爭取，像對待花木一樣精心呵護、細心照顧，你感覺到幸福了，就是幸福了！

人生在世不容易，即使輪迴成為自己也只有此一生而已，唯願每個人都可以用幸福妝點此生，無憾無悔！

PART 4

心中的世界

心平常，自非凡

有一句電視廣告詞讓我非常喜歡：『心平常，自非凡。』世俗生活中的人，往往有了名望、地位和金錢後，便失去了自我。輕一些的是有些驕傲，重一些的便盛氣凌人，還有一些人甚至做出損害他人的事情，卻絲毫不知道悔過。

驕傲自大在佛家被稱為『慢』，是佛家所說的六個根本煩惱之一，對此，只能克服，不能滋長。

佛家還講求因果，每一事物的出現，一定有其內在的起因和相應的結果，在起因到結果的過程中，還必須有足夠的條件，這個條件便是『緣』。『因』有『惡因』、『善因』和『淨因』，所謂的『淨因』，就是讓自己的行為清淨、不受污染的『因』。

在《維摩詰所說經》裡說：『欲淨其土，當淨其心。』

很多人奮鬥的目的，是為了讓自己的生活更優越，讓親人們過得更舒適，甚至讓自己在社會中更讓人尊重，滿足自己的一點虛榮心。但是，如果獲得了很好的名譽和地位，卻迷失了自我，不尊重他人，瞧不起別人，這樣的人，被虛榮心掩蓋了自我，他的生活，也僅僅是虛榮心，而不是為了親人的愛心和為了自己生活的善心了。

一些心理學的研究指出，虛榮心是人的精神生活的一部分，對這一點，我是尊重並贊同的。但是，如果讓虛榮心取代了全部的精神生活，取代了其他可以制約它的東西，那麼，這個人的精神便被世俗污染左右了。

人的精神生活中有很多方面的內容，它們是互相制約的，失去制約就失去了平衡，失去了平衡就容易走極端。這一點不只是佛家弟子明白，就是一個受過教育的普通人也會明白。佛家講，逆境助佛緣，我想，魔道也會助佛道，只不過，要用佛的心去制約魔，讓自己保持平常心。

平常心，不是要求人沒有貪、嗔、癡，而是調節自己的心，去制約貪、嗔、癡，以此得到平常心。

平常心，自非凡，這句話不一定適合佛門弟子，卻適合世俗人。保持一顆平常心，做好自己的事，做一個善良的人，已經得到世人的讚美，這種讚美，卻不是滿足他的虛榮心，也不是任何虛榮心可以滿足的，因為滿足虛榮心的一切都是虛幻，都不是永恆。

而用平常心得到的一切卻可以流傳，是人類的永恆。如果用佛家的理論，這是『淨因』所獲得的清淨自在，這『淨業』（注釋）所得的結果當然是清淨喜樂的結果，永離一切生死煩惱。這樣的人生，不就是非凡的人生嗎？

註釋：佛法中，身體、語言和意識上的一切行爲都稱爲『業』，即身、口、意三業，包括惡業、善業和淨業。

成爲別人想要靠近的『芝蘭』

中國有句古老的成語，叫近朱者赤，近墨者黑，用來比喻接近好人使人變好，接近壞人使人變壞。

朋友的影響真的非常大。如果有一位道德、品行都很優秀的人與己為友，朋友的言行自然會有意無意地影響自己，因為朋友的優秀，自己對這些優點耳濡目染，自然就會起到好的作用。而且，朋友的出色也會讓自己在心裡不自覺地設置標準，同時，好的朋友也會督促自己向更好更高的目標前進，鼓勵和鞭策會成為一個人前進的動力。

這樣的作用不只對一個人有好處，對互為朋友的兩個人都是有很大的好處的。相反的，如果交到了一個品行不好的朋友，他的言行也會在不知不覺中對你產生一些不好的影響。

《法句譬喻經》就講了這樣一個近朱者赤，近墨者黑的故事。佛陀和弟子走在路上時，看到地上有一張被扔掉了的紙。佛陀就命弟子撿起，並問：『那是什麼紙啊？』弟子回答說：『是包香的紙。雖然被扔了，但它的香味兒還沒散呢！』他們又繼續往前走，看見地上有一根斷了的繩子。佛陀又命弟子去看是做什麼用的繩子。弟子撿起之後說：『這是根穿魚的繩子，因為聞起來又腥又臭！』

佛陀便告訴弟子，這是因為不同的因緣使那紙和繩子變質了，其實它們的本質都是潔淨的，只是因為環境不同，便有了不同的際遇，不同的味道。交友也是一種因緣，雖然眾生的本質都是潔淨的，卻會因為不同的因緣而變質，產生不同的因果和福報。『一個人接近賢明大德，他的修養和學問便越來越高，交個愚昧邪道的朋友，自己也染墨者黑，殃禍株連。』就像那紙和繩子，『近香就香，穿魚就會腥』的道理一樣。一旦進入了某種環境，時間長了就會漸漸地受到薰染，自己可能還感覺不出來。

從某種角度來看，交友就如同給自己營造了一個大環境，朋友品行出色，環境就會好些，氣息清新自然，如入芝蘭之室；否則，環境就會污濁不堪，如入鮑魚之肆，久而不聞其臭了。

歷史關於選擇環境最挑剔的典故當數孟母三遷的故事。為了給孟子找到一個適合發展的環境，孟母三次搬家，終於給孟子找了個好鄰居。

實際上，人們之間的影響總是相互的，而不是單方面進行的。當你想為自己選擇一個芝蘭之友時，對方未嘗不是這種想法。所以凡事還得從自己做起，既要考慮自己能有個空氣清新的好環境，同時也要給別人營造出這樣一種環境。在選擇芝蘭之友的同時，自己也可以成為別人的芝蘭之友。

近朱者赤，近墨者黑，並非是絕對意義的赤與黑，而赤與黑的改變也總是漸近的，相互的。如果自己能夠先從心裡明白了近朱者赤的道理，相信大家都會希望自己能成為那別人希望靠近的芝蘭！

虛偽的謙讓是一種業障

謙讓是一種美好的品德，它包含了對別人的尊重、禮貌和自己的處世態度。佛家要創造和諧、平等、我為人人的社會，那麼，謙讓就應該是每一個佛家弟子要努力修持的，同時，我們也要在對別人謙讓的同時，讓對方感受到謙讓這一種美德的好處，讓他們也能以謙讓的心去對待更多的人。當然也有很多人是善良的，對人是謙讓的，這美德幾乎已經成為中國人的一種精神。

這固然讓人欣喜，但是，社會上還有那麼多讓人不解的矛盾現象，比如在飯店，經常可以看到聚會的人爭著買單，或者禮讓比較重要的人物坐『上座』；而在公車上，那麼多老年人、抱小孩的婦女站在面前，那些坐著的年輕人卻可以視若無睹，這些年輕人，很有可能昨晚還在謙讓地請別人吃飯呢。

也許有人會說，謙讓主要是在熟人之間，因為對認識的人有感情，所以必須謙讓，對不認識的人，似乎就沒什麼必要了。但我們要知道，眾生是平等的，人與人之間的交流，不能有遠有近。

即使我們承認謙讓在熟人相處中發揮得更多，但是，有多少人在公司、在公眾場合，對主管、同事可以謙讓，但回到家裡時，對父母、兄弟並不謙讓？難道，父母、兄弟這樣的親人還比不上在外認識的人熟嗎？

從這個意義上說，很多人的謙讓是虛偽的，是有條件的，這個條件可能是幫助利益的獲取或人際關係的順通等等，而不是真正發自內心。

這種不是發自內心的謙讓，從佛家來看是業障，是眾虛妄中最惡的一種。就像很多虛妄幻象，迷惑了世俗人的雙眼，讓他們欣喜、滿足，但卻永遠得不到真正的快樂和大自在。

有一則故事說，一位高僧和一位居士在一起吃飯，桌上有一大一小兩碗麵，高僧將大碗的推到居士面前，居士卻不客氣地把麵吃掉了。高僧為此有了意見，他覺得居士應將大碗再推回來，這是恭敬的表現。可是居士卻一點謙讓的行為都沒有，這樣對嗎？

居士說：『我再將您推給我的大碗推回到您的面前，那不是我的本願。既然不是我的本願，為什麼要那樣做呢？難道您把大碗讓給我不是真心的嗎？如果不是真心的，那您為什麼要這樣做呢？』

生活中有多少這樣的故事啊！在種種場合下，明明心裡非常地想，卻不敢去做，假裝謙讓，卻讓自己難受。表面上似是禮貌，內心卻在背叛自己，這豈不是在難為自己？如果更進一步，覺得對方不謙讓，心裡有了意見又不好明說，這時就有了嗔，有了怨恨，可是又不能怨對方。殊不知禮儀雖是一種形式，而拘泥於禮儀的形式不過是虛假的表現，坦率真誠才是做人的真諦啊。

誠信的價值

中國自古以來就是禮儀之邦，很多古代故事都教導人們要誠實守信，然而，隨著社會發展的速度越來越快，人們認識世界的觀念也在高速變化著，在這種高速的變化中，有一些人降低了自己的道德標準，進而影響了自己的處世原則。

佛家向來講求誠信，不只是要求不說妄言、不打妄語這麼簡單的行為標準，而且還要求每一個修持的人，做到無私地對待人和世界。也正因為如此，佛教才能流傳幾千年，而且興盛不衰。

在我們藏區，流傳著這樣一個故事。

早些時候，喜馬拉雅山附近很少有外國人去觀光，每年只有少數的探險家會來登山探險，或者有些藝術家進行采風活動。

某一年，有一隊日本的攝影愛好者來到這裡。他們請一個藏族少年幫忙買啤酒。

當時藏區還不是很發達，賣啤酒的地方很少，那個少年在山區跑了三個多小時才買到，這讓日本遊客很感動。第二天，遊客們又請少年去買啤酒，這一次，他們給了他很多錢。可是，這個少年竟然沒有回來。直到第三天深夜，那個少年才敲開了遊客們的門。

原來，這個少年一開始只買到了四瓶啤酒，他覺得對不起遊客們給他那麼多錢，於是又翻了一座山，過了一條河，才買到了另外六瓶。在他返回的路上，卻摔壞了三瓶，於是他回家取了錢，又去補買了三瓶。

這個少年哭著遞給日本遊客們十瓶啤酒，並拿出一堆玻璃的碎片。

這個故事很快流傳開了，讓全世界各地的遊客們都非常感動。於是，喜馬拉雅山的遊客越來越多，全世界了解藏區美麗風光和淳樸民風的人也越來越多……

我絲毫不懷疑這個故事的真實性，在藏區，藏民們的真誠、守信和不被污染的心靈，就像這個故事所描繪的一樣。

這就是誠信的價值。這個價值，從故事的表面意義上說，帶動了藏區旅遊經濟的發展。但是，僅僅是這些嗎？

更重要的，是一個人的誠信，讓更多的人被感悟被引領，更多的人因此相信了這個世界還有一片淨土，並懷著感激和朝聖的心，願意接近並融入這片土地、這片沒有骯髒的世界。

在藏傳佛教地區，幾乎每一個人從生下來開始就接受佛教的感悟，因此很多去過那裡的人都認為，這裡是世界上最美好的一片淨土。藏民們的誠信，來自世世代代堅定不移的修持。我相信，世界上任何一個地方，只要讓佛法感染更多的人，這片地區也終究會成為一片淨土。

在我看來，誠信是一種信仰的高度，是一種人格的力量，是一種高尚的情操，這種高尚的力量，不僅能讓自己快樂，遠離貪嗔癡的惡趣和互相不信任、互相猜忌的生活環境，還能感染他人，讓對方快樂，讓更多的人相信這個世界的美好，並願意共同創造更美好的世界。這不就是誠信的價值嗎？

貪，不要貪得無厭

一位朋友和我提起，世人皆貪。我說，貪，可以，但不要貪得無厭。

有人會問：佛家一向講究戒貪，你為什麼不反對呢？

我覺得，其實不是不反對，只是覺得世人對於貪，掌握了適當的尺度就好。畢竟出家人和修行者與世人是不同的。如果世人和出家人一樣守著種種戒律，那麼也就沒必要分什麼出家人、在家人或是普通的世人了。

貪嗔癡是佛家所講的三毒，而貪位於三毒之首。不過永嘉大師的證道歌也說了，三毒水泡虛出沒，三毒再毒，也如同水裡的泡沫，會自生自滅，你若不隨著它轉，它也沒有辦法影響你。

就如同我們照鏡子，你知道鏡子裡的影像是假的，因此不會執著於鏡子裡那個『他』的存在；但如果你覺得鏡子裡的那個『他』也是存在的，你總是小心地在意著鏡子裡那個人的一舉一動，並因此調整著自己的步伐，就如同被三毒浸染了是一樣的道理。你執著，三毒即毒；你自在，三毒便是虛幻。

從俗家的世人心來看，人必須要有適當的貪念。這適當的貪念其實就是讓人人前進的一種動力。比如你貪求別人的尊重和地位，就要努力地研究學問，才能使自己在文化圈或學術界佔有一席之地。你想擁有舒適的物質生活，就要想辦法努力賺錢，只有多賺一些錢，你才能交換到自己喜歡、可以享受的物質生活。

如果你喜歡某個年輕貌美的姑娘，那你就要設法投其所好，做她喜歡的類型的人，改正自己身上的缺點，努力發揮自己的長處和優點，引起她的注意，成為她的心上人。如果你不想每天早出晚歸地為別人賺錢，那你就得多學點本領，不但有生存的條件和能力還要會管理，然後你就可以為自己賺錢，把每一分血汗錢都攥在自己手中。你想要舉世矚目、光芒四射，那就要努力讓自己成為出類拔萃的人。總之，不管是為了夢想或為了出人頭地，你都要付出比別人多的代價。所以有一定的貪念也好，有了這樣的貪念，也就有了支援自己不斷前進的動力。

因此，貪，可以，但不能貪得無厭，否則一定會把人送進自掘的墳墓。這樣的例子恐怕連小孩子也能數出一堆：像吃類固醇的運動員，挪用鉅款的貪官，不擇手段的商業罪犯，還有因為貪得無厭而自私到極點，全世界為我所用的人其實都沒什麼好下場。即使你不用善有善報惡有惡報來形容這些人，你不想承認因緣因果在這世上的存在，你也會明白，人心不足蛇吞象的道理。貪吃貪睡貪名貪利貪財貪色，任一樣貪起來都會要命。

人的貪心一起，便不易降服。有了這還想要那，有了東還要有西，最好全世界都在自己手中，為自己所用。可是，有這樣想法的人最後都怎麼樣了？悲慘地死了，而且背負千古罵名，為人所不齒。

如何做到適度的貪？要掌握好這個尺度就要時刻在心裡給自己敲著警鐘：得到這些，已是我的全力而為了，如此已該滿足，沒有繼續貪下去的道理。人們常說，知足者常樂，當你擁有了一切時，你已經很幸福了！學會知足，自然就會保持好這個貪的度。

我也聽說有一些人總可以在生活中當一個愜意的智者，他們賺的錢不多也不少，夠自己和家人享受就可以；生意有規模了，也穩當了，就滿足了，並不用非得賺得天昏地暗不可，把生意交給別人，自己可以有錢有閒地生活了，有什麼不好?!

當然，不是所有的人都能掌握好這個『度』，常見人們都是貪著貪著就貪過頭了，貪著貪著就被『毒』死了。所以說，如果你不能在心裡給自己留一個能一敲就響的警鐘，不如把自己的貪念好好地歸攏起來，有能力了再放出來，管不住時就把它放在心裡，省得放出來害人又害己。

世人皆貪，但，一定不要貪得無厭。

心大，不如心中的世界大

在世俗生活中有個有意思的現象，面對同樣的痛苦或逆境的時候，有的人就痛苦不堪，有的人就一笑而過，不放在心上。往往，大家把不將痛苦放在心上的人，稱為『心大』，就是說心裡不裝事兒。

很多人羨慕『心大』的人，因為這種人不會將痛苦放在心裡，不會受到苦難的影響，第二天起來，又輕輕鬆鬆地工作、生活了。

『心大』有性格的因素，內向或心思重的人，遇到矛盾的時候會想不開，會鬱悶，而性格外向樂觀的人就不同了。

很多人說，想做個『心大』的人，這樣遇到煩惱、矛盾時，可以不去想、不去管。可是，真的是這樣嗎？

每個人一生中遇到的煩惱應該是差不多的，沒有誰比誰少，而這樣的煩惱，也不是每一個人都可以一笑置之。即使是『心大』的人，面對的煩惱也不是少了，或者程度輕了，只不過，是處理的方法不同。

那麼，是什麼方法呢？我想，就是『心大，不如心中的世界大』。我們都知道，有多大的池子，就能養多大的魚，把一條魚苗放在小魚缸裡，牠永遠也長不大，但是，將牠放在大池子裡，幾個月工夫就長成大魚了。是魚本身的問題嗎？不是的，是牠的世界有多大的問題。

對煩惱、困惑和矛盾的處理也是如此。無論貴賤貧富，每個人的煩惱都是一樣的，比如死亡、絕症，所造成的壓力和威脅都沒有不同，即使是再『心大』的人，也不可能不畏懼。但是，如果一個人只看重生命，他的世界裡就只有『生死』兩個字，他的恐懼就大。

可是，一個心思重、處理事情總愛思前想後的人，也就是所謂『心小』的人，如果他的心裡是一個廣闊的世界，生死的事對他來講是微不足道的話，他還會恐懼嗎？這樣的人，在每一個時代都有，這種人不是什麼神仙聖人，而是每個時代的偉人。偉人偉大在什麼地方？就在他的心中裝的不是自己，而是世界。

很多人以為自己信仰了佛法，就能有一個心靈的庇護，就能在困惑的時候找到一個解脫方法。佛法確實是要庇護每一個人，但是，這種庇護是要修來，而不是憑空得來。『修』字，就是要每一個人，在心中裝下宇宙，而不是自私地只想著自己。

修持佛法的根本，不是要讓佛庇護一個人沒有煩惱，而是要讓他懂得，生在世俗，煩惱是不可能避免的，但是，有方法可以消除，就是直到見煩惱如不見，有煩惱如沒有，能達到這樣的境界就是佛的境界。

這樣的境界要怎麼得來呢？就是要求我們心的世界要包容，不要對小事斤斤計較，也不要將人生的目標只盯在眼前的一點上。苦難、痛苦、逆境，都是會來的，而它們也是必然會走的，這是最簡單的因果。那麼，我們還為痛苦的來臨而恐懼嗎？如果我們可以自己排除這種恐懼，我們的眼睛就可以看得更遠，更遠處，也就沒有苦難了。那麼，這樣的人生，不就是一路快樂的人生嗎？

『心大』的人不是沒煩惱，忘掉煩惱不等於沒有。而心中有世界的人也不是沒煩惱，但是他懂得快樂。

學會欣賞，人生就是成功

　　現在的人，對『成功』二字的追求似乎到了一個很難讓人理解的程度。每個人都想成就一番事業，讓自己的一生沒有白過，這一點，我們充分肯定。但是，為什麼說現在人追求『成功』讓人費解呢？我費解的不是大家追求『成功』的理想和願望，而是在這個過程中很多人的心態。

　　在古代，一個人衣錦還鄉、封妻蔭子，可以算是成功，但這個心態是自私的，是完全為了自己的利益和地位著想。至於『齊家、治國、平天下』這樣的理想，不能說裡面沒有自私的念頭，但是，起碼有了一些『我為人人』、『捨小家為大家』的意思，是一個比較高的理想。但我們知道，這個理想是不容易成功的，做到這一點十分難。

　　這就出現了一個問題：我們是做一些簡單的事而成功，還是做一件幾乎是一輩子也無法完成的事而不成功？

很多人在思考這個問題時，往往落入一個圈套：成功難道有小成功大成功之分嗎？那麼，有沒有一個什麼樣的標準，達到了就算成功？

事實上，我們所說的『成功』，很多都不是完全徹底的『成功』。我們以為『成功』了，沒過幾年，甚至還沒過幾天，我們就發現那不過是個幻象，或者那些『成功』是那麼不堪一擊。而且，很多的『成功』又會給我們帶來一些煩惱，比如有的人終於熬到了一個職位，以為『成功』了，可這個職位卻很忙，沒有帶來想像中的家庭幸福，反而連回家吃頓飯的時間都沒有了，這樣的『成功』要它來做什麼呢？

我想，是我們把『成功』誤解了，我們將一個精神上的概念變成了物質上的標準，而這個標準又不是共同的，每個人都有每個人的想法，而人在不同的階段又會有不同的標準，所以，雖然我們走在實現自我價值的路上，卻看不到我們實現了什麼，也不知道自己還要實現什麼。

這也就是說，我們的方向走對了，但是走路的心態卻錯誤了。就好像我們太執著於對山邊風景的憧憬，而不知道欣賞身邊的風景一樣。成功也是這樣，成功的果實在遙遠的地方等著我們去摘取，但是往往我們只知道這條路是艱辛的，是要付出時間和精力的，卻不知道，每走一步，我們離成功就近了一步，這個時候，再去欣賞那個果實，是和心裡想像的不一樣。學會欣賞，我們的人生就是成功的，因為，我們總比那些將果實摘在手裡再近距離欣賞的人，看到的更多、更美。

『我要成功！』每一個年輕人都這樣暗自為自己打氣。可是有多少人想過，我們『成功』之後，想要的到底是什麼呢？快樂、欣喜、實現自己人生價值的滿足……這些，是每天都可以陪伴在我們身邊的啊。

有些哲學家、社會學家說，人活著的一個目的，是要『明天要比今天好』，這個『好』，是要更快樂，更充實，更深刻明白人生的道理，要自己有長進，能為別人和社會做出更有價值的事情。其實，我們追求的『成功』，不就是這樣嗎？不管『封妻蔭子』也好，『齊家、治國、平天下』也好，不在於『成功』之日的擁有和享受，而是在為這個奮鬥的過程中，我們每天都在進步，每天都在快樂和收穫中度過，在完成我們的心願和理想，哪怕只是一點點。

這不就是成功嗎？

對『成功』的追求，是每一個人生活的心靈之源。但是，如果我們不明白這個源頭的實質，就會在流水中摻雜了雜質。我看到多少人為了『成功』二字，如苦行般地生活，將一個很美的願望和理想，變成了與生活的本真相牴觸的不好心態：急躁、貪心、嫉妒、冒險和不聽取別人的意見……在這樣的心態下，連生活都談不上了，還談得上『成功』，還能談得上成功的喜悅、快樂嗎？

時尚是不追求流行

現在的社會發展得越來越快，我們的生活也越來越豐富，尤其在物質生活方面，讓我們的選擇更多也更方便了。比如我們不用去國外就可以了解現在國際上最新的時尚資訊，我們的生活早已經捲入國際化的時尚潮流中。

對『美』的理解和追求，更成為人們日常生活的一個普遍想法。什麼是『美』，怎麼樣才能更『美』？類似這樣的問題，比起十幾二十年前，不知道要進步多少。甚至，就在兩三年裡，這種問題的答案就會改一改，讓以前的答案看上去都很『土』了。

這就是『時尚』，它有流行性、季節性，更主要的，就是不確定性。誰也說不清楚下一個時尚是什麼樣子，也預測不出我們的生活觀念會發生怎樣的變化。

時尚生活很好，它可以讓人們生活得更舒適，滿足人們對個性和價值的追求，讓每一個人都能釋放自己的情緒、展現自我。

但是，任何事務都有兩個面，在時尚的背後，我們也確實被這個不確定的東西弄得手忙腳亂，甚至是不懂得生活了。

為什麼這樣說呢？就在於很多人對『時尚』的追求是不理性而且瘋狂的。『時尚』本身沒有錯，愛美之心人皆有之，是人的本性，但當『追求時尚』超越了本性的時候，就不可避免地形成了『貪』念。

我們可以看到，很多女孩子，剛剛買的衣服穿都沒穿過幾次，就以一句『過時了』打發掉。真的『過時了』嗎？也未必。其實是心裡不喜歡，覺得再也滿足不了自己的虛榮心和『面子』了。看到別人穿得比自己的好，就生了比較的心。每一個有智慧的人都明白，這種比較，大半是自己比不過別人的，而讓第三者來看，自己的往往又會比別人的好很多。這樣的比較，就是『貪』而生『嗔』。

我們還可以看到，對房子、車子、生活用品的追求，更讓一些人癡迷不悟。房子要大的，車子要高級的，生活用品要名牌的，似乎不是這樣就不可以生活了。其實，每一個人都知道，東西是越用越舊，名牌更是層出不窮，一個人的財力再強大，也不可能將所有名牌全用上，更不可能時時用新的東西。而自己用著合適、方便，讓生活用品和生活融合在一起，才是最好的。

這個道理，與佛家修持中的『心佛合一』有些類似。當我們在觀想時看不到自己的心，我們也就容易理解佛的境界了。對於生活也是這樣，我們雖然在用名牌，卻感覺不到是名牌，就是最舒適的了。

比如，很多人穿上一套新的名牌套裝時，往往變得不自在，時時注意是不是弄髒了，是不是哪裡不得體了，還怕別人沒注意，總想著怎樣讓別人多看兩眼。『時尚』本來是要讓人生活得更精緻，可是在這樣的時候，哪有半點『精緻』可言？完全是在讓內心飽受煎熬。

我不是說『身外之物皆是空』，這是世俗對佛家理論的一個誤解。我們認為的『空』，不是說『無』，也不是說一切東西都沒有用處。我們必須承認一個良好的生活環境對生活品質有提升的作用，也必須認同有質量的生活對人的內心的積極影響。比如，我們說肉身是空，這是一個哲學概念，我們也知道健康的重要，不然，沒有一個健康的身體，只把它當成『皮囊』去糟蹋，我們又哪有條件去研究佛法？

對於『時尚』，也是這樣。只不過，如果癡迷於這些，形成浪費、奢侈、嫉妒、爭執、怨恨等等，就不是追求生活品質了，而是佛家說的『求不得』苦。這種苦，不是『時尚』引起的，而是一個人對『時尚』的態度引起的。

青春的源頭就在你心裡

現代人對於常保青春的渴望越來越強烈了。

各種媒體不斷宣傳著哪裡的人造美女又新鮮出爐了，哪個紅極一時的明星其實某個部位是整形過的。整形、美容行業也空前的興旺，彷彿那些整容的醫生用的都是神刀，挨了一刀，臉蛋就變漂亮了，身材也變魔鬼了，世界也都變得不一樣了。

同時，各種與美容、駐顏或減肥有關的化妝品、保健品、減肥藥物、器材也如雨後春筍般不斷地湧現，叫賣著可以常保青春、擁有美麗容顏和苗條身材的秘訣，吸引越來越多想要青春的人的注意。

從古至今，人們對於常保青春的渴望其實是相同的。我曾聽過一個『青春之泉』的故事。從前，在一座深山裡頭，有一口泉水叫『青春之泉』，聽說老年人喝了能返老還童，年輕人喝了能健康長壽，甚至久病的人喝了也能病癒苦除。

有一對恩愛了幾十年的老夫婦，想到去日無多，就興起了姑且一試的念頭。

『老伴！』妻子對丈夫說，『我年紀較輕，身體也比你好些，我先去找青春之泉，再回來帶你去。』

妻子帶著換洗衣物、乾糧和水袋踏上征途，十幾天之後，她終於找到了青春之泉，興奮地用手捧起，連喝了幾口，靠在樹幹上歇息。一覺醒來，果然奇蹟出現了：原來粗皺的皮膚變得光滑細膩；原本泛白的頭髮變得烏黑柔軟；原本動搖稀落的牙齒變得硬實光潔；原來佝僂的腰幹也挺直而富有彈性！原來，她已變成年輕貌美、二八年華的姑娘了。

她興奮地回到家裡。丈夫一見，簡直不敢相信這位姑娘就是年老體衰的老婆，而且比年輕時候的她要美上好幾倍！他整夜沒睡好覺，天才濛濛亮，怕驚醒妻子，從後門偷偷溜了出來，懷著忐忑期盼的心，往妻子描述的青春之泉走去。

妻子一覺睡到日上三竿，屋前屋後找不到丈夫。她心裡很擔心，連忙備好盤纏，快步追趕到青春之泉時，一個人影也不見，於是急得四處尋找。正當她五內如焚時，突然聽到泉畔草叢中傳來嬰兒的啼哭聲。她想，這荒山野外，怎會有嬰兒的哭聲呢？有誰這麼狠心？結果上前一看，原來是她的丈夫。

很久以前我就聽說過這個故事，當時只是在想，人們為什麼這麼貪呢？年輕了就可以了，偏偏貪婪的不停地喝那泉水，結果返老還童是實現了，可卻真的返成了童，成了嗷嗷待哺的嬰兒！真是人心不足蛇吞象，貪婪的後果是要自己來承受。如果用因果報應來看的話，這真算得上是現世報了。

可是幾年之後再讀這個故事，因為見識和閱歷的增長，對這故事倒有了新的看法。雖然人們的心仍然不可避免地貪婪著，但對於青春的渴望，誰能真的放下這貪心呢？

秦始皇當年派出三百童男三百童女，遠渡重洋尋找長生不老的仙丹妙藥；為求駐顏和長生，古時候的煉丹術士一度非常多；童話裡愛美的皇后為了奪得青春美貌的稱號，屢出毒招加害白雪公主……大千世界的林林總總，在流傳了千百年後仍然固執地保持著自己最初的內核，即使童話也不能例外，追求美、保持青春靚麗的觀念也從遮遮掩掩發展到了明目張膽，似乎現在的社會不怕你長得不美，就怕你沒有一顆追求美追求青春的心。

聽朋友講起一個笑話。一個美女嫁給一個帥哥，十月懷胎生下一子，沒想到孩子醜陋得讓人不敢相信是這對俊男美女的親骨肉。在眾人驚訝的眼神中，夫妻倆才發現，原來靚麗的對方所具有的俊美並非天生，而是出自於整形醫院的鬼斧神工。

我聽說有一位修行很高的大師給世人開了一副心藥方，方有十味妙藥：好肚腸一條，慈悲心一片，溫柔半兩，道理三分，信行要緊，中直一塊，孝順十分，老實一個，方便不拘多少。

此藥如何煎服？

此藥用寬心鍋內炒，不要焦，不要燥；去火性三分，於平等盆內研碎；三思為末，六波羅蜜為丸。如菩提子大，每日進三服，不拘時候，用和氣湯送下。果能依此服之，無病不瘥！

這十味心藥方專治有心病之人，尤其對三毒染身、五欲橫流的眾生有效。

其實，追求青春靚麗本來無可厚非，但一定要有正確的心態和方法。在我看來，青春不只是一張臉皮而已，更重要的在於內心的年輕自然。心裡年輕表現在外面自然也會是朝氣蓬勃；心裡善良而自信，表現出來自然也是大方得體的青春形象。

我們想追求年輕靚麗，就一定要找到那可以常保青春的源頭，否則，再出神入化的成功手術也終敵不過歲月的流逝，終有一天我們的外貌還是會垂垂老矣。人的年輕不僅在於臉面，更在於人的精、氣、神，你可以經常鍛鍊身體，身體的健康是常保青春的一個本錢。否則，支撐行走的皮囊都壞了，空有一副好面皮，誰又能說你青春呢?!

另外很重要的一點，就是要讓自己的心靈保持年輕有朝氣的狀態。有人曾這樣形容，『人活一口氣』，這口氣可不是我們平時所說的生氣，而是精、氣、神的氣，保持良好的精神狀態才能給自己的身心營造出一個良好的氣場，你才能在這樣的氣場中培養出一個清新靚麗、青春無敵的樣子，才能過一個充滿朝氣的美好人生。

所以要保持青春常在，就得找到那青春的源頭。當你在大千世界裡找來找去卻不得其法甚至誤入歧途的時候，不妨停下來仔細想想，那青春的源頭，其實就在你自己的心裡。

世事無絕對

世間的一切變化無常，又哪裡有什麼絕對呢？真正明白這一點的人卻很少。

有一首英格蘭的童謠，叫〈起風了，小貓餓死了〉。童謠是這樣唱的：起風了，風把窗簾掀起了。窗簾拍倒了花瓶，花瓶的水灑到了地板上。地板濕了，老婆婆滑倒了。她撞壞了椅子，木匠來修椅子了。木匠砍倒了一棵樹，大樹把麵包師的房子砸壞了。麵包師搬家了，老鼠沒有東西吃了。老鼠不來了，所以小貓餓死了。

它告訴我們，原本是風馬牛不相及的事情，由於發生了一環扣一環的聯繫，最後，成為了因果關係。

這個民謠講的大意，頗有些像科學領域著名的『蝴蝶效應』。這是氣象學家洛倫茲一九〇三年提出來的：一隻南美洲亞馬遜河流域熱帶雨林中的蝴蝶，偶爾搧動幾下翅膀，可能在兩週後引起美國德克薩斯一場龍捲風。其原因在於：蝴蝶翅膀的運動，導致牠身邊的空氣發生變化，並引起微弱氣流的產生，而微弱的氣流又會引起周遭空氣或其他系統產生相應的變化，由此引起連鎖反應，最終導致大自然的極大變化。

現在，『蝴蝶效應』被廣泛地應用於社會生活的各個領域裡，它告訴人們：即使是一點小小的因，看似沒有什麼作用，其實，可能產生一個讓人想不到的『果』。

所以我們還能說世界上的事有什麼是『絕對』的嗎？

現在的人，動輒說『這事就是這麼回事』，『包在我身上，絕對辦到』等等，這是說大話，誰也保證不了事情會起什麼變化；或者，對社會、對人生，動輒十分肯定地『預測』走勢，好像社會的發展、人生的脈絡，完全在他心中一樣。我想，這就不只是說大話了，這是無知。

我們所說的『無知』，不是沒有知識和學問，而是不明理，對宇宙、自然和人類世界的運行規律沒有了解，如果在這個基礎上賣弄學問，則更顯得『無知』。這種無知，在佛家講，就是沒有智慧，沒有一個洞悉世間萬物的人生觀念。

世事無絕對，一方面是針對這個世界上的萬物。見到一個人做錯了事，很多人就將他一棍子打死，認為他以後也不能成就事業；看到這個社會黑暗的一面，很多人就喪氣了，認為這個世界全是黑暗的，是不能好轉的，於是產生了憤懣、失望，不免有了怨氣……

有多少人後悔當初，如果不是太死腦筋，本來也可以成就一番事業的，而當初那些跳出習慣思維、調整思考角度的人，都做得比自己好。原因就在於，當初自己想的是『這件事絕對是這樣發展……』

另一方面，我們說『世事無絕對』，也是要求每一個人，要明白這個道理，並用這種觀念去生活去思考。這種觀念和態度，表現在謙虛、謹慎、認識自我、尊重不同意見等等，而不是剛愎、驕傲自大。明白了『世事無絕對』的道理，我們在做人、做事的過程中，就會更加胸懷廣大，因為我們不是以單一的邏輯去看待事物，而是明白這個世界是多元廣闊的，不是片面就能理解。因此，我們能容納更多的矛盾、困惑，也能用更平和的心去接受社會和人生的變化。

說到這裡，不妨讓我們做個遊戲吧：

1+1=1，2+1=1，3+4=1，5+7=1，6+18=1。

怎麼會這樣呢？這看起來不符合數學常識，可是，我們可以讓它們成立：

1（哩）＋1（哩）＝1（公里）

2（月）＋1（月）＝1（季）

3（天）＋4（天）＝1（週）

5（月）＋7（月）＝1（年）

6（小時）＋18（小時）＝1（天）

這只是個遊戲，而遊戲的內容卻是常識。你看，連我們身邊最基本的常識都在告訴我們：沒有什麼是絕對的。

到底要不要算命？

人們對於未知總是感到好奇和敬畏。

就如同每個人對待自己的命運，因為未知而感到既好奇又神秘，且又因為神秘而感到害怕。為了解開命運之謎，無數人嘗試了無數辦法，最終得出的結論仍是未知，而且越探索越覺無知，越無知越覺神秘，越神秘越擔心，越擔心也就越害怕。

當人們為了未知的命運而落入這樣的循環，為了未知的命運惶惶不可終日的時候，算命這一行便從巨大的市場需求中應運而生，且流傳已久。

儘管算命的方式不盡相同，算命的人也是形形色色，但唯一不變的，是人們在面對能掐會算的人時，那種敬畏和渴望了解未來真相的迫切，一如面對自己那未知的命運。

關於算命，我並不贊成。

如果從佛家的角度簡單一點來講，人這一世為人，是因為幾世的因緣果報而成，你這一世的命運，早在你降生的那一刻就已經形成。

就算你知道了，命運是這樣；你不知道，命運還是這樣。命運不會因為你知道與否而有任何改變，你在此世要受的苦或享的福，早在你上世或上上世就有了定數，你知道了這點，此世仍要消業；你不知道這點，此世仍要消業啊！

可是，雖然幾世的因緣成就了你今世的為人，但並不是說你今世的所作所為完全是由前世的因緣所規定，而是說，因為有了那樣的因緣，你的今生今世可能會遇到由那樣的因緣帶來的果報，也許是業障也許是報障，至於你如何對待、如何處理，則完全由今世的你獨自去處理。

處理的結果會因為你此一世為人的不同而產生不同的結果，所謂無常，定數可能成了變數，變數也可能成了定數。但無論你怎樣處理你所遇到的事情，它都會成為你下一次輪迴的因緣。除非你證悟菩提，才能脫離六道輪迴，但那些因緣、因果，卻始終是由你自己造、自己消。

如果從現代人的角度看，人的命運就應該掌握在自己的手中。人活一世，活的是自己，你完全可以按照自己的想法塑造自己，按照自己的興趣過你想要的生活，這些即使和天生的命運相關，最終也仍然由你自己決定。否則，不能按自己的想法生活，自己都做不成自己，那麼人來這世上走一遭，為的又是什麼呢?!

也許我天生愚笨，但我可以努力，做一個踏踏實實的人，照樣可以獲得幸福和快樂；也許我天生有殘缺，但我一樣可以經過自己的努力，得到如正常人一樣的快樂，甚至如果我付出比別人更多的努力，我也會相對的獲得比別人多的幸福，這就和我的肢體是健康還是殘缺無關。

人的命運最終發展成什麼樣子，關鍵在於個人是否努力。

如果因為算命的人說你此生大富大貴，你就可以撒手什麼都不做，只等富貴掉到你的頭上嗎？

如果人家說你這輩子命運多舛，那你就要從此消沈或就此了斷餘生嗎？

不應該吧！

所以說，命運如何關鍵還在於你如何選擇如何做。如果不努力，即使天生有再好的命運，也可能淪落到悲慘的境地；如果一直在為此一世的生活努力奔波，相信即使天生再不好的命運，也會在這不懈的努力中變得越來越好。

當人從幼兒成長到少年、青年、壯年、老年，歲月不斷向前推進的過程，就是生命運行的旅程。

雖然人們在這樣的生命旅程中命運總是不同，『有的一生坎坷，滿途荊棘；有的平步青雲，一帆風順。有人富可敵國；有人貧無立錐。有人儀表端莊，美麗可愛；有人容貌醜陋，五官殘缺。有人健康長壽，百病不侵；有人惡疾纏身，或英年早喪。有人聰明伶俐，才智驚人；有人呆頭呆腦，笨拙可憐。有人自小生在富貴家；有人則出娘胎就飽受饑寒折磨……』

同是生命，際遇苦樂禍福卻是如此懸殊！有人以為冥冥中有一個主宰人間禍福的神靈，操縱我們的命運，其實，安排命運、主宰禍福的不是別人，正是自己。

佛說：一切眾生系於業，隨業自轉，以是因緣，有上中下差別不同。

善惡業緣，受報好醜。所以眾生的生命，是高貴或下賤；眾生的享受，是上等或低級，皆是由自己的業力安排。業力能將各人身心活動的善惡行為所應得的代價，很公平分配給各人自己享受。故古人說：『禍福無門，唯人自招。』人可能是自己最大的恩人，也可能成為自己最大的敵人。

人間貧富貴賤，福祿壽夭，智愚得失，皆由自己一手造成，甚至上天堂，下地獄，六道升沈，生死輪迴，皆唯心所現。

所以說，人的命運天生如何，對於此世為人來說，有影響但並不重要，最重要的完全在於你個人的努力。無論你前生如何，無論你此生命運如何，其實你完全可以不必在意算命的什麼說法，而把命運牢牢地握在自己的手中，由你自己來決定，這輩子，你想做什麼樣的人，想過什麼樣的生活！

當你可以做到不去算命也不想去算命的時候，至少有兩點好處：

一、不必因洞悉了什麼天機而為此世的命運擔憂。

二、不必在茫茫人海中，為尋得一個真正可以算命且算得準的人而發愁，於財於心都是省而又省。

我知道我們此世為人到底為的是什麼——前生有多少未消的業，此世就會有多少業障，此世消不了的業障，還會在下一世的輪迴中繼續。

如果我們能做到消業證得菩提的話，也就明白了命運到底是怎麼一回事，而不必為了未知執著。

我希望，世人也能明白這個道理，至少知道，此生為人不易，當把命運牢牢握在自己手中！

人生最重要的是『趁現在』

現在就是當下。趁現在就是要把當下的事做好。時間一去不復返，我們應該學會珍惜時間，抓緊時間做自己該做的事，千萬不要拖泥帶水，把好好的事拖到壞了，把好好的機會錯過了。

文嘉大師有首膾炙人口的〈明日歌〉：

明日復明日，明日何其多！我生待明日，萬世成蹉跎。世人皆被明日累，明日無窮老將至。晨昏滾滾水東流，今古悠悠日西墜。百年明日能幾何？請君聽我〈明日歌〉。

古往今來，文人墨客留下了很多關於時間匆匆的感慨與告誡，莎士比亞曾說：

『拋棄時間的人，時間也拋棄他。』高爾基說：『時間是最公平的裁判者。』儘管人們都認同時間的短暫，但又有多少人真的做到了珍惜時間，珍惜生命中的每分每秒？人們對於自己的錢財很少會拿出來與人分享，但對於時間，倒是常會不知不覺地拿出來與人大方地分享，而時間，每一個曾是當下的時間也就一點一滴地成了過去，成為歷史。

有個故事說：從前在四川有兩個和尚，一個很窮，另一個很富。兩個和尚都準備去遊南海，可是最後，卻只有那個窮和尚達成了自己的心願，他憑著一瓶一缽遊遍了南海。而那個富和尚卻因種種顧慮，在日復一日的拖拉中終未去成。可見，對於時間來說，眾生皆平等，你珍惜時間，時間也會給你相應的回報；你浪費時間，時間當然只能給你一無所獲和懊悔了。

有人說，人生其實只有『三天：昨天、今天、明天』，而昨天已經成為歷史，明天還在暮色裡，唯一能抓住的，只有今天。過去的時間不能失而復得，未來的時間還在前面等著你，唯一能過的只有現在，就是當下。只有抓住每一個當下，我們才有可能抓住未來的時間。你以為未來還很遙遠，可是未來卻已經迫不及待地追趕著現在，把每一個當下的時間擠到過去，成為一段沒有內容的歷史，一段空白的過去。回首來路，我們的過去究竟有多少是歷史，又有多少是空白呢？細算起來，那驚人的數字會讓所有人都要瞠目結舌了！

「趁現在」意味著抓住每一個機會。所謂機不可失，失不再來。趁現在有機會，就一定要抓住，而且毫不猶豫地抓住。大家可能都聽過兄弟打雁的故事：有一對兄弟看見一隻雁，張弓欲射，準備「打下來煮著吃。」弟弟堅持說：「不動的雁要煮著吃，飛雁應該烤著吃。」兩人爭執不下，決定回去請長輩決斷。最後判得半隻雁烤半隻雁煮。等兄弟倆再回去找雁時，那隻又該烤又該煮的雁早就飛了。

很多時候，機會只有一次，失去了就很難再有。但是人們對機會的態度卻多半是猶豫甚至是害怕。

如同「機會之神」的故事一樣：機會之神總是面目猙獰地跑向人群，因為長相嚇人，速度又快，再加臉上並無任何「機會」二字，因此，人們見到這樣的人跑向自己時，第一反應便是躲開。躲開了還會心有餘悸，再回頭看，那個剛才嚇壞自己的人背後寫著大大的兩個字——機會！

想想自己竟然因為害怕而錯過了機會之神的眷顧！於是伸手想再把機會之神抓

住。可是，抓了幾把，還是被機會之神跑掉了。

陶淵明說：『盛年不重來，一日難再晨。及時作勉勵，歲月不待人。』

時間絕不會為某個人停下前行的腳步，時光停滯和時光倒流只不過是人們對於時間流逝的感慨，以及想要對失去的時間進行補救的一種幻想而已。所以，珍惜時間成就美滿人生，最重要的就是要趁現在，抓住每一個從你身邊經過的機會，抓住每一個當下，抓住每一個人生精采的瞬間。好在文嘉大師不只有〈明日歌〉警醒後人，他同樣也留下了〈今日〉詩與我們一起共勉：

今日復今日，今日何其少！今日又不爲，此事何時了？人生百年幾今日，今日不爲眞可惜！若言姑待明朝至，明朝又有明朝事。爲君聊賦〈今日〉詩，努力請從今日始！

努力請從今日始，努力也要趁現在。

PART 5

信念決定一切

有了信仰，人才會踏實快樂

很多人問我，為什麼人要有信仰？

這真是個很大、很複雜的題目。我只能說，如果，你不想渾渾噩噩地活著，那麼，就必須有個信仰。

生存不等於生活，沒有信仰，就和整天吃了睡、睡了吃，延續基本生命的人一樣，只是在生存而已，有了信仰，才能稱為生活。這種生活，是對生存之人的解釋，是對眾生生命的解釋，這種活法，不知要高出『生存』多少倍！

人生一世，誰都想活得自在，活得無悔。每個人都有這樣的體會，當我們滿足欲望時，我們快樂過，但是，這種快樂不持久，當下一次還是這樣的滿足欲望，很多人會覺得『沒意思』。

這種快樂是淺層次的快樂，而且很容易成為痛苦的源泉。比如說，有人因為這樣的快樂，產生貪念，癡迷於那樣的享受，於是要求卻愈來愈高，這時，快樂就變成痛苦煩惱了。

但也有很多人有這樣的經驗：學習進步了、工作進步了，這時心裡的喜悅甚至『比蜜還甜』，這種快樂是超越了物質享樂的。更進一步說，很多人在社會中成就了一番事業，得到社會的認可，這時會感到快樂。很多人對以前不解的問題突然『看開了』，覺得自己有信心和能力去面對，生活也更坦然、踏實，這種快樂的感覺，是物質享受沒有辦法達到的。

也只有有信仰的人，才能體會到人生的快樂，這種快樂，不能用言語表達，而是有機緣的人才能領悟的境界。而這種機緣並不難得到。不要把信仰想得太神秘，它就在我們的身邊，就在我們的生活裡，也在我們的內心。問題在於，我們是不是選擇了有信仰的人生，選擇了快樂的人生。

太虛大師說：『仰止唯佛陀，完成在人格；人成即佛成，是名真現實。』

這句話也是太虛大師對信仰的一個解釋。

他的意思很簡單：信仰即人格。一個人有了信仰，就會更好地成就人格，而對於一個成就了人格的人來說，他的信仰就是高尚的，就是一生有成的。而這，都是現實，是人生一世中最本真的現實。

其實，信仰就是這麼簡單而且重要。

心態最重要

什麼是決定我們人生最重要的一環？相信每個人給的答案都不會相同。我想，知識、運氣、好的家庭等等，都會被一般人重視。

在給我的答案前，讓我們先來做一個小小的遊戲：

如果令A到Z分別對等於1到26的數字，許多答案就會顯示出不同：

Hard work（努力工作）：H+A+R+D+W+O+R+K=8+1+18+4+23+15+18+11=98%

Knowledge（知識）：K+N+O+W+L+E+D+G+E=11+14+15+23+12+5+4+7+5=96%

Love（愛情）：L+O+V+E=12+15+22+5=54%

Luck（好運）：L+U+C+K=12+21+3+11=47%

這些我們通常認為重要的東西往往並不是最重要的，因為它們都沒有達到一百。

那什麼才能使得生活變得圓滿？

是Money（金錢）嗎？

不！因為M+O+N+E+Y=13+15+14+5+25=72%

是Leadership（領導能力）嗎？也不是！

L+E+A+D+E+R+S+H+I+P=12+5+1+4+5+18+19+9+16=89%

那麼，到底什麼才能使生活變成百分之百的圓滿呢？

每個問題都有解決之道，只要你把目光放得遠一點！

ATTITUDE（心態）：A+T+T+I+T+U+D+E=1+20+20+9+20+21+4+5=100%

我們對待工作、生活的態度就能夠使我們的生活達到百分之百的圓滿！

這只是一個很好玩的遊戲，但我想它能讓每一個人都明白了，『態度』、也就是我們的心態，決定了我們的生活是不是圓滿，也決定了我們的人生是不是快樂幸福。

我們講的心態，是努力中的灑脫，認真中的平常心，積極中的有捨有得，不偏執，不執迷，在正確認識自己的基礎上認識生活和人生。

就像遊戲中所講的，『運氣』，每個人都想得到。這個運氣，是工作機遇，也是『貴人』的幫助。可是這有什麼用呢？每天總盼望著所謂『幸運女神』的垂青，卻什麼事也不做，完全是一種宿命論的生活態度。這樣的人生，永遠解脫不了自己『為什麼不自在』的苦。

愛情，在一個人的生活裡是很重要的，但也解決不了人生圓滿的問題。

有多少人的婚姻是不幸的，至少是自以為的不幸；沒有家庭的人煩惱，有了家庭的人也煩惱；就算是有了一個人人羨慕、表面上看來很好的家庭的人，也在煩惱。

煩的是家庭瑣事，更煩以前深愛過的那個人，怎麼就一下子不能溝通了呢，而且還限制了自己的『人身自由』。

可是，這樣的問題哪個家庭沒有呢？心態不好的人，將怨氣出在家人身上，並後悔以為『晚點結婚就好了』。

可是心態好的人呢？將自己的問題和家庭剝離開來，知道哪些是自己的弱點、情緒和壞脾氣，而不會把事情混在一起。

學識、能力和事業心，在成就一個人的過程中發揮著更大的作用。這一點，是運氣、金錢等等不可比的。

為什麼？

因為那些東西都是身外的，是別人給予的，而學識等是自己的，是不受外界條件影響的，充分發揮出來了，得到的也就更多。

但是，它們為什麼都不是百分百呢？如果我們每個人都能問一問這個問題，我們就能理解心態有多重要了。

有多少人有了學識、能力，其實，在自己的工作崗位上已經做得不錯了，但卻總以為『懷才不遇』，總覺得沒受到上司重用，自己的能力也沒完全發揮出來。

慢慢地，有的人意志消沈了，有的人心生怨氣了，有的人更是自暴自棄了。

可是那些心態良好的人呢，還是在踏實地工作，認真地做事，老實地做人，不會因為一時的不順心拈輕怕重，更不會因為人際交往的問題對自己的事業產生牴觸。

歷史上和現實中，但凡我們能看到的有所成就的人，我們都會讚歎對方一句：『這個人道理看得明，對自己認識得清，胸懷廣，不計較。』仔細想一想，這不就是心態嗎？不就是對人生的態度嗎？

凡是覺得自己的生活圓滿、幸福的人，又有哪一個不是心態很好的？

要知道，我們的生活是一天比一天好，對世俗生活來講，我們的吃穿住行，哪一樣不是每天都在往好的方面發展？

心態好的人，會注意這些讓人舒適、平安、快樂的一方面，會為自己的成績感到滿意，正所謂『知足常樂』，他看到的都是幸福圓滿的一面，他的生活怎麼能不幸福？而即使是一天比一天好，可是有的人呢，卻還在抱怨，別人比他好了，他埋怨別人有好運氣；別人沒他強，他又看不起對方。總有嫉妒、小氣、爭執的念頭在他的心裡，從而影響了他的生活，好也看不到好了。

第二種心態，不正是佛家講的貪嗔癡嗎？貪得一切，癡迷於其中，不知道滿足和感恩，因此嗔怪別人，嗔怪命運的不公，總覺得自己不得志。這樣的人生，又怎麼能圓滿自在呢？

只有心態，才能百分百地決定我們的人生。

也只有好的心態，才讓人生百分百圓滿。

佛法不是迷信

我有很多朋友並不懂佛法，但是卻願意與佛門弟子在一起。其實社會上這種人非常多，好一點的，是在求佛的護佑，不好一點的，是以一種迷信的心態看待佛法。

就像我身邊有一些人，他們和我在一起的時候，不問修持的方法，更不想與我探討佛學的道理，往往一開口就問，他下一步該怎麼做，比如生意上是不是好啊，事業上有沒有障礙啊，或者感情上會有什麼收穫等等。

或許，對他們來說，佛法總是有些神奇的力量，而藏傳佛教更讓他們感覺神秘。

我曾拜訪過很多漢傳佛教的寺院，一些歷史久遠、影響力很大、而且很嚴肅的寺院還好，可是有許多小寺院就不同了，門前經常有算命、求籤等等迷信活動，而信徒們似乎也都是衝著這些而來。

佛法修持到一定程度，有些高僧或上師確實有很強的預測能力，但是，這種預測能力並不是為了滿足個人的欲望，而是為了普渡眾生，讓眾生避免輪迴之苦。如果運用自己的法力滿足私欲，則不是真正的佛門弟子。用自己的法力滿足別人的私欲，甚至是邪惡的欲望，那更是已經接近魔了。

我曾看過很多涉及藏傳佛教的小說，尤其是一些武俠小說中，對藏傳佛教的法力都有誇張、片面或者是不尊重的認識。作家應該對歷史、文化和宗教傳統有比普通人更深的見解，可是讓人失望的是，很多作者對密宗持有的態度，並不是一個作家的態度。比如，在小說中我們經常可以看到西域的法師在念咒語，這是最讓人誤解的地方。咒語在藏傳佛教中，是『真言』的意思，和漢地佛教中的『佛號』本質上是相同的，比如『南無阿彌陀佛』，是佛號也是真言。但是在小說中，咒語反而成了神秘的法術。其實，在中國道教中，『咒語』倒是有法術的意思，但在佛教中是絕對沒有的。

當然，在小說中作者可以想像和發揮，但我不贊成將一些神秘的修持方法刻畫得有些迷信，這當然會讓一部分人對藏傳佛教產生誤解。

我想，很多人想見我，也有迷信的成分。因為越不了解的東西，他們就越感覺神秘，也越覺得有效。我總是對他們說，我是佛的弟子，我是佛家思想的傳播者，對個人的困苦、迷惘，我願意用佛法感悟他，願意用佛家的道理引導他，但我絕對不能用法力滿足個人私欲，也不能讓俗家人誤以為佛法是迷信。如果那樣，即使我用的是佛法，但卻讓他們離魔道更近了。

雖然佛教已經傳承了千餘年，但現實告訴我，人們對它的認識還是自我的，很多人拜佛，是為了私欲。這也無怪乎很多人在求佛護佑的同時，也相信一些迷信。如果大家都對佛法有正確的認識，肯定就會遠離迷信了。

補充：目犍蓮尊者是佛陀十大弟子之一，他以神通第一而著名。普通人不能看見、不能聽到、不能做到的事情，他都能夠看到、聽到、做到。佛陀並不贊成他玩弄神通，因爲奇妙的神通和解脫生死毫無關係。他熱心保護佛教，同情大眾的苦難，很受大眾愛戴。

目犍蓮的名氣招來外道的妒忌，他們蓄意殺死他。有一天，他在山中靜坐，卻被外道在崖上投下巨石，打成了肉餅。

許多人都爲他悲傷。佛陀對大眾說：『神通是不能恃賴的，業報重於一切，目犍蓮就是一個例子。』

只有勤守佛法，求解脫業報，這才是最好的方法。佛教不靠咒術、算命、扶乩、問卜、焚燒紙錢等，這些都是邪術，會擾亂人心，佛弟子不應該做。

正法與外道要分清楚

在現實生活當中，由於種種原由，有一些人對佛門的修行觀並不十分了解，雖有心修行，卻又不懂得如何辨別正法與外道。

外道與正法的最大區別就是，外道修行無論多麼玄妙和神奇，都不可能成功的。絕大部分外道法師、氣功師，包括邪教教主在言說與方式上，往往依佛傍道以示『正統』，也會說什麼破除迷執、眾善奉行、提高心性等。這些說法本身沒錯，因為它們都是出自佛經，但如何落實卻往往說得很空泛。因是外道沒有正確的法門，即使修行也易生魔障，具體修持上只注重個人，講究個人的得失與好壞，用一句話來說，外道的修行從來都是『諸法有我』，什麼師父、鬼神或概念上的佛菩薩都是我的『主宰』。正法則不同，佛門真正的修行圓滿必須要三身成就，即是法身、報身、化身三身一齊成就，明心見性、開悟見道、見性成佛。

當然，沒有一個外道法師會說自己的東西不是正法是外道，也沒有一個氣功師會講我傳的法不好，就是邪教也不可能公然說我是邪教、我主張邪惡。總之，任何人都會宣稱自己的東西是正法或善法。但稍有佛學常識便會明白，這些外道法師、氣功師及邪教教主其實還是比較好識別。就算不懂佛學，通過各種報導也能看出來，這些外道法師總有一些非常顯著的特徵，比如他們喜歡聖化、神化自己，鼓吹跟隨自己修鍊，就可以開發出人體的各種特異功能。他們也喜歡搞崇拜，其實質不是妖言惑眾，就是求名斂財，甚至聲稱自己肩負了重大使命，替天行道等等。當然，不能說人家練了氣功就是外道，也有一些人在治病、強身健體方面有所幫助，這就需要我們分辨清楚。

為什麼我要特別講正法與外道呢？因為在現實生活中，外道似乎更容易欺騙人心，也更有市場，這在社會上不乏例子。而從佛教上來講，外道宣揚的是『諸法有我』，與博大精深的佛教教義相比，這樣的外道更容易讓人們的身體起反應，從而停留於外道的一些小術小能上，很難有突破性的進展，甚至根本誤入歧途，終致走火入魔。

想要達到佛教所堅持的練意，也就是修鍊自己的心性和意識，難度是比較高的，然而也只有以練意為主導的修鍊，才有可能使得身業、口業達到真正的清淨，獲得真正的大智慧。

我還要強調的一點是，藏傳佛教是密宗，漢地佛教是顯宗，而佛法無論顯密，一切法門都是為行方便，都是要與具體修行者相應的緣起法。而密法的特殊之處，其實在於意、氣兩不偏廢，以修心為根本，因此修密法者往往需要很高的定慧力，才有即身成佛的可能。如果對顯宗和密宗的義理和心要並不能融會貫通，也沒有上師的傳承和指導，就選擇密宗修習，則實在讓人擔憂。這就如同治病，藥量小則不能祛病，藥量過大，則有毒性！所謂欲速則不達，就是這個道理。

要區分一個修行人修的是正法或外道，看他修行的初衷和目的就知道。為了在求佛過程中少走些彎路，我們就要時常進行自我批評，同時也應提醒身邊的人不要誤入歧途，這樣才能多為自己創造一些直取無上菩提的助緣。就像佛教界人士經常會說：任何人，只要心無以掛礙，心正法就正，自然就會感得諸佛菩薩的幫助和正法的接引。

宗派可分，心不可分

這幾年，總會有人問我，藏傳佛教和漢傳佛教有什麼區別？佛法有大乘小乘之分，中國佛教有藏傳、漢傳之分，而無論是藏傳還是漢傳，其中又都有很多分支，成為宗派。我也曾想過，為什麼分這麼多宗派呢？有沒有哪個宗派的修持更好、更容易成佛呢？

我想，這是每一個願意皈依佛門的人的普遍想法，大多數人更願意選擇捷徑，或者避免苦行吧。

但既然選擇修行，又怎麼會怕苦呢？其中重要的原因是修持之心不堅定，信仰心不真誠。世俗之人在城市生活久了，難免變得有些急功近利，總是要求結果的好，而不去想過程的苦。或者，既要求一個好的結果，又要求一個輕鬆、自在的過程。這種想法本身便不利於修行。

『修行』二字，在『修』也在『行』，是修正自己的行，也在行中修正自己的心。其實修行，不只是修正行為，比如飲酒、殺生等等，更主要的，是修心，心選擇的路，不也是行嗎？而且，心路不正，所作所為也必定不正，有惡念才會導致惡行。

所以我經常告誡弟子，端正自己的行為不是最主要的，先要修心。不要只想著修持之後能得到什麼，也不要覺得別門別派的修持方法有多好，沒有堅定的向佛的心，什麼修持方法都不能通往極樂淨土。

佛教分成那麼多的宗派，並不是哪一派好與不好，哪一派離佛較遠或近，只是方法不同，心路則是一樣的，總歸是往一個方向走，如同百川終歸大海。很多俗家人不理解，有的河九轉輪迴，歷經坎坷，但也有的河奔騰雄壯，直入大海，兩者確實不同。其實，這是機緣不同。就如佛家修持，前世有了什麼因，現世就有什麼果，如一味地追求不適合自己、甚至是捷徑的求佛之道，就是貪念。本已有貪念的人，讓他用什麼宗派的方法修持，都不會求得正果。

在藏傳佛教的寺院中，上師會根據修持者的稟賦刻苦程度，給他選擇一條適合的修持方式。比如，愛好藝術的人，可以讓他研究書法、繪畫或者建築，讓他為寺院做一些藝術方面的工作，為上師、喇嘛的修持服務，或為求佛的眾生創造一個良好的環境，這本身也是功德。

其實，宗派本無所謂有無，所有的有無，都在人心。我也曾聽一些其他宗派的僧侶說，他們如何如何好，這也是貪。無論是哪種宗派，不都是佛家嗎？宗派本身沒有矛盾，矛盾在人心。

我曾簡單地了解過世界上其他的宗教，比如基督教，他們也要求眾生平等，也要求與人為善。從根本上看，我們都是普渡眾生，只不過是有一些要求不同，有一些方法不同。那麼，我們為什麼非要論個高低，非要爭論誰好誰不好呢？

人人皆可成佛

在我弘法的過程中，經常遇到這樣的事情：很多人願意帶著他們的孩子，皈依到佛門。

但是，很奇怪地，他們總會問我：『仁波切，您看我的孩子有慧根嗎？』很多小說、電視劇或者傳說中，都說皈依佛門要有『慧根』。很多人也說，某某人皈依了佛門，他是從小就受到佛的感召，他是前世修行的人。這造成了一個誤解，以為凡是要皈依的人，都必須具備一些嚴格的條件，否則就不能皈依。

當有的家長問我：『您看我的孩子有慧根嗎？』

我通常會反問他們：『您也要皈依，那您覺得自己有慧根嗎？』

他們都會恍然大悟：為什麼自己沒有慧根卻想皈依佛門，而卻又要孩子有慧根呢？

能明白這一點的人，我覺得就是有慧根了。如果不明白，我會跟他們說，其實，當一個人心中有佛，就有了慧根。當他想到要去皈依佛門，還需要懷疑自己有沒有慧根嗎？

佛經中說，一切眾生平等。佛不會因為誰有了慧根就接受誰，誰沒有就排斥誰，也不會因為誰的慧根多就特意眷顧誰，誰的慧根淺就刻意讓他接受逆境的考驗。對佛來說，只要心中有佛，願意以佛門的修持之道規範自己的生活，願意以佛門的道理參與社會生活，願意以佛的心去對待這個世界，他都會接受的。

很多人還有一個顧慮，總覺得自己做錯過很多事，傷害過別人，便說自己沒有慧根；或者，覺得自己受不了佛門戒律的約束，雖然有心向佛，但是心裡卻覺得離佛家太遠了。

其實，佛離眾生是最近的，當你覺得自己『沒資格』向佛的時候，心裡不就是已經有了佛嗎？心裡有了佛，為什麼還要覺得自己離佛遠了呢？況且，佛是以平等的心接納任何人的，明白了這一點，就不會覺得自己有沒有『資格』了。

佛經中說：『人人皆可成佛。』這一句話包含了很多層次的道理。從淺的層次來說，這體現了佛的包容性，佛是以平等心來接納任何生命。再深一些想，佛在告訴眾生，佛離你最近，你離佛最近，我們講求的『慧根』，並不是條件或要求，相反的，是要人打消疑慮，相信自己是有慧根的。

佛法如海，取一瓢是一瓢

我身邊總有一些在家修持的人問我：『仁波切，請您推薦一些書給我們看吧。』我都會很高興地列一些書目。可是過不了多久，又有人說：『仁波切，您推薦的書我們看不懂啊。』或是說：『能不能再推薦一些簡單一點的。』

從自己容易理解的書入手，循序漸進，這是對的。對於很多信仰佛法的人來說，佛經確實很難理解，沒有師父的引領，想一下子看懂佛經，的確不是件容易的事。

佛法真是大海，在這片海中，我們所能讀的書只是一小部分；在我們讀的書中，所能領悟的東西，又是一小部分。這樣算起來，即使是一個堅持修持的人，一輩子都在領悟佛法，又能得到多少呢？

可是，我們能因為永遠讀不完佛經，就不去讀嗎？

我經常跟有困惑的弟子講，不要因為佛法如海，就覺得自己一輩子也修不成，只要去修，就會有收穫。我們不要老是想著要找到一口最鹹的水，就像很多人總想著一下子能讀到一本最通佛法的書；同時，也要知道我們不可能喝乾大海，所以，我們只要喝了，就有收穫，因為，你知道它是鹹的，這時，佛法就對你的人生起了作用。當然，信仰堅定、修持好的人，還有像我們這樣的佛家弟子喝得多些，體會的就更深些。對普通人來講呢，喝一口有一口的好處，多喝有多喝的好處，但不要因為知道不能全喝下去就放棄掉。

關於讀書，有個故事。從前有個國王，剛剛登基，為了治理好自己的國家，他決心學習天下所有的知識，好利用那些智慧讓百姓幸福平安。為此，他讓臣子把天下所有的智慧書都找來供他學習。

五年之後，找書的臣子們回來了，帶了五千本書。國王一看頭都大了，就讓臣子們去精選內容。又五年過去，臣子們將書精編為五百本，可是國王還是認為太多，一個人看五百本書也是很困難啊。又過了五年，臣子們又將書濃縮為五十本，這個時候，國王已經被國家的事務搞得焦頭爛額了，哪有時間看書啊。又過了五年，臣子們終於將書編成了一本，可是國家已經亂了，國王的年齡也大了，即使是那本大智慧的書，也解決不了他和國家的任何問題。

那五千本書就像浩如煙海的佛經，任何人都不可能完全讀完，更不可能完全讀懂。我們都像那個渴望智慧的國王一樣，渴望感悟到佛學的真諦，但是，很多人也和他一樣，總想著讀一本濃縮的精華本。如果有，當然最好，可是，就像我說的，大海在哪裡喝都是鹹的，佛經的任何一本都是精華，本來就沒有高低之分。

從這個小故事裡，每個人都能明白，如果國王能從第一個五年開始讀書，他早就是一個有智慧的人了。但他總想著一步登天，等到終於有一本天下最好的智慧書送到他的面前時，他已經沒能力領會那些智慧了，他的國家也不需要他的智慧了。

修持佛法不也是一樣嗎？不要去管哪一口海水最鹹，只要每天在像大海一樣的佛法裡領悟一點點，堅持下來，就是一個大智慧的人。

所以我常對那些『看不懂』的弟子們說，看了就好，看不懂可以先找看得懂的看，不要不看，也不要想一口氣看懂最精深的，這都不是修持的好態度。佛法如海，能取一口就取一口，能取一瓢就取一瓢，這看個人的機緣，也看修持佛法的態度。

做個『有心人』

佛祖告訴我們，眾生皆有佛性，都有獲得一切智慧與覺悟，並徹底開發生命潛能的屬性，佛學屬於眾生，人人都可以同佛一樣，人人皆可成佛。

到底如何才能成佛脫離六道輪迴之苦呢？當然要修行。我曾說過，在佛學中，一般出自身、口、意的有意向的任何行為，都可以叫『業』，有業便有業報。『業』是因緣的產物，可以分為善業和惡業，惡業也可以稱為罪業。凡是利於證得菩提的都可以被稱為善業，而一切不良業力和習性則可被稱為罪業，『罪業不過是修證菩提的一種暫時的障礙罷了，關鍵還在於我們對自己心靈的把握和改造』。

我所說的修行，其實就是要創造修證菩提的條件，為其減少障礙，就是為了『消業』，消除一切不良的業障，積累善資善因。消業也就是滅罪，遠離一切罪惡的業因，這樣才能不受罪惡的果報。做人最難的就是要保持身、口、意三業的清淨，身、口造業人皆可見，易於發現，相對也易於監督、改正；唯意造業難察，表面看起來這人還面帶微笑地口若懸河，應承得讓人不會懷疑，實際卻早已經心猿意馬了！這可是需要自己時常監督自己的一項重任。

《華嚴經》說：『罪性本空由心造，心若滅時罪亦亡。』可見，無論是善因還是罪因，其實都在於我們對自己心靈的把握和改造。當我們完全地轉識成智了，成佛了，便是徹底消業，徹底滅罪。不過，對於許多人來說，想要達到這一點很不容易，也許需要幾世的修行才有可能達到徹底消業的佛境。不過，畢竟佛陀已向我們傳達了這種意思：佛於我們而言，恰恰是求則得之，尋則見之，叩則開之。只要我們肯努力修證和實踐，我們就會同他一樣成佛。

如何才能修成正果呢？要想成佛先要成人，人成即佛成。就像我們平時常講的，無論是工作、娛樂、生活，做什麼事最重要也是最終的結果往往還在於做人，做人成功，其他的就成功了一大半。但我在這裡所講的人成與我們平時所定義的成功又不完全一樣，這種成重在開悟，是自悟佛境、佛理的成。

我常告訴弟子，佛法無邊，六道中皆有佛在，而我們平時在佛經典籍中所看到的極其深奧的佛理也許很難理解，但它們可能就蘊含在最普通、最顯見的日常生活中，從宇宙、大自然到人類社會、歷史與文化，再到個人的衣食住行、生老病死、男歡女愛，所有普通生活的細節中都可能蘊藏著可以讓人開悟的佛理，而一旦發現了生活中的佛理，那些曾經晦澀難懂的佛理也就成了最容易了解的道理。

不過，並不是所有人都能看到這些生活中所存在的佛理，更多的人則是對此視而不見，所以，要想在生活中開悟，首先得做個有心人。佛學認為，人的命運掌握在自己手中，人的生命並非是宿命的，事在人為，不由任何外在因緣或事態所主宰，而在於對自己言行、思想、精神及心靈的洗滌和改造，以及不斷的自我救贖、完善和超越，只有我們才能主宰自己的命運。因此說，能否成人，能否成佛，關鍵也在於自己。

一位老禪師曾留下了這樣的名言：『老僧三十年前未參禪時，見山是山，見水是水；及至後來，親見知識，有個入處，見山不是山，見水不是水；而今得個休歇處，依舊見山只是山，見水只是水。』看來一個人從開悟到小悟、到大悟再到徹悟的過程，與其說是成佛的過程，不如說是人在紅塵生活中不斷自我完善、自我開悟的過程。

佛祖說，向佛門求福為迷信；向佛門求術（神通）為邪信；只有向佛門求智慧才為正信，才能脫離六道輪迴。任何人、任何事都需要一個發展和自我完善的過程，當你真的做到了反觀自照，打消妄念，諸惡莫作，眾善奉行，自淨其意，使身、口、意三業清淨，洞悉了真如空相、實相無相、實相無相無不相的真意，明瞭實相的大空性，妄念一歇，菩提即現。那麼人自然可以成為完人，人成即佛成，就可以脫離六道的輪迴成佛了！

《華嚴經》云：

菩提心，則爲大道，能使得入一切智城故；
菩提心，則爲淨眼，悉能睹見邪正故；
菩提心，則爲明月，諸白淨法，悉圓滿故；
菩提心，則爲淨水，洗濯一切煩惱垢故；
菩提心，則爲良田，長養眾生白淨故；
菩提心，則爲一切諸佛種子，能生一切諸佛法故。

但願眾生都能明白人成即佛成的道理，在求佛的路上不斷完善自身，不斷使人成，明心見性，悟得菩提心，修成正果。

佛法要在入世中修持

對於信仰，每個人都有不同的見解。很多人認為，有信仰是活一輩子，沒信仰也照樣活一生。這樣的觀念是將信仰和生活割裂開的認識。我也發現的確有一部分人，他們有信仰，也堅持為自己的信仰做些什麼，但是，他們所做的只是淨化自己的內心，卻沒有在生活層面上用信仰指導自己的行為。對於這部分人來說，信仰和生活也是割裂的。而這與沒有信仰基本上沒有什麼本質的區別。

世界上雖然有幾大宗教系統，我當然希望有更多人受到佛法的感召和指引。但對於有其他信仰的人，我也認為自有他的道理，畢竟，有信仰和沒有信仰，對一個人的生活有很重要的影響。只不過，我們應該要在入世中堅持信仰，體會信仰對我們的好處。

許多誤解了宗教信仰的人，認為宗教是避世、消極的。這是對信仰的不了解而造成的曲解。

以佛教而言，它的教義本質就是入世的，而不像很多人以為的遁入空門不理世事。如果這樣，我們怎麼能做到普渡眾生？

許多人沒有理解佛教入世的修持方法，而僅將一些初級的入門法門當作修持，比如把打坐、觀想等等當成悟道，這是不對的。真正的悟道，要在入世中獲得。

佛陀悟道，是在經歷了種種苦修之後才洞悉了宇宙和人生的真諦。他將他悟到的真諦以各種形式傳遞給弟子們，逐漸形成可以流傳的經典、法門等等。而這些，是『果』，不是『因』。

『因』在佛陀在苦修過程中見到了人的老、病、死，從而思考人往何處去；見到了人生的苦難，從而思考人的解脫。同時，這個『因』也在於佛陀在悟道的過程中經歷的磨難，比如，在他於菩提樹下禪定七天之前，曾進行過多年的苦行，甚至每天僅僅吃一點點食物，也就是佛經裡說的『日食一麻一麥』，甚至最後絕食修行。但是，這並沒有讓他領悟解脫之道。佛陀為追尋人的智慧、快樂、解脫，是進行了艱苦的實證的。而這些艱苦，則是佛陀圓成正等正覺的『佛果』的『因』。

而有人就會『倒因為果、倒果為因』。看了一些佛經，了解了一些修持的法門，就以它們為『因』，想用自己的修持去求證佛果。豈不知，佛經上說的已經是『果』了，而我們要做的，是用自己的『因』，去求證這個『果』。當我們求證得到時，這個『果』才是我們自己的，是佛法的，而不是誰說的。

這個求證的過程，就是入世的過程。這個用自己的『因』的概念，就是說我們從一開始，就要知道佛法是入世，是要我們去做的。

正因為很多人不理解這一點，以為閉室『清修』，就能修成佛。其實，這時學的是『果』，要證的也是『果』，這不是很矛盾嗎？

我們說佛家入世，就是要讓世人在社會活動中去修持，去求證這個『果』。如果我們一心避世，沒有在社會生活中經過一番拚搏，沒有在自己的貪嗔癡等欲望的支配下，嘗試過欲望之苦，我們又怎麼能理解『求不得苦』？我們又怎麼能知道欲望這種惡趣帶給人的無盡煩惱？

年輕人血氣方剛，什麼都想得到，但是，很多長輩卻勸導他說，算了，很多東西是強求不得的。老年人因為經歷過『求不得苦』的磨難，所以他們知道用什麼樣的心態去化解世俗的矛盾。如果不經過年輕時的入世劫難，想要理解這一點，確實非常困難。

另外，在入世的過程中，我們會得到大智慧、大快樂和大解脫。當我們真正能懂得朋友、親人的苦之後，我們才有資格去幫助他，才能對症下藥地排解對方的痛苦，這個時候，我們是快樂的，是智慧的，我們給別人帶來的也是快樂和解脫。如果，我們不入世，怎麼能做到『對症下藥』？智慧要從何處來？

佛法，從來不是在一間小屋子裡，冥思苦想就能參悟。

不只佛法是這樣，任何信仰，不都是這樣嗎？如果我們的信仰不能禁得起實踐的考驗，如果我們的信仰只能讓個人去枯想，如果我們的信仰在社會生活中行不通，那麼，我們的信仰就不是真正的信仰。這樣的信仰，就完全是『空對空』的虛幻。

讓你的信仰發揮作用

信仰是什麼？是讓自己生活得更好嗎？

是，也不是。

很多人說，有了信仰，心靈上就有了一個依靠和避風港，在迷惘、困惑的時候，或面對現實世界的紛擾，都能讓自己活得更平靜、和諧。

如果每個人都這樣想，以為信仰是為了自己好受，而不用去管別人，那麼，還是不要有信仰好了。

對於每一個有信仰的人來說，我們應該時常反問自己：當初我們為什麼被這個信仰感召、吸引？那時，我們想做的是什麼？

無論是佛教、基督教或其他宗教，都是在告訴我們，信仰，是解決人世和人生的一個心靈途徑，大家要為這個信仰努力去做一些什麼，只有這樣，我們才能達到信仰中的世界。

以佛教為例，我們告訴每一個信仰佛教的人，只有大家都用佛教的宗旨、教義去認識人生、指導我們的行為，並讓更多的人與我們有共同的心願、理想，讓大家一起去做，我們的信仰才能實現，我們的信仰也才是有價值的。

我們不能說，信了佛教，你的人生就會解脫。因為大家都沒解脫，這個世界還是充滿了我們極力要去改造的惡，如果我們不去努力，到頭來只會發現，我們的信仰什麼也實現不了。

就像我曾經看過的一些在家修持的弟子，到了老年的時候，因為兒女不是很孝順，以致受了些苦難。他們問：『我虔心向佛這麼多年，怎麼還有這麼多苦啊？』其實，他的修持，完全是自私的，是在尋求佛的『保佑』，說得更白一點，是讓神通保佑自己，卻不知道，想不苦就要去做。比如，讓兒女感悟到善，讓他們有慈悲心，如此一來，還會有晚年兒女不孝的果嗎？可是他沒有去做，到了最後，他不得不懷疑自己的信仰。

讓我們的信仰發揮作用，是我們得到信仰的回報的唯一途徑。也就是說，如果我們想要生活得更好，那麼，就要努力讓環境更好，讓身邊的人生活得更好，不再有嫉恨、暴力、貪婪等等，而是彼此平等、善良地相處，有困難互相幫助。只有這樣，自己的生活才能好。

你不去幫助別人，不去創造美好，又怎麼讓這個世界美好呢？所以，信仰是要去實踐，而不是想想就可以的。

有了信仰，就好好堅持

在世界上，有那麼多的宗教體系，僅就世界性宗教來說，就有佛教、基督教等等。當然，每一種世界性的宗教，都有它發展、流傳的歷史和文化基礎，這個基礎，也表現在一定的地域性因素上。比如，東方佛教比較普遍，在西方，則是基督教、天主教等比較盛行。

隨著東西方文化的交流，也有很多東方人信仰基督教，當然，也有越來越多的西方人被佛教吸引。

這時，便有了這樣的一個問題：同樣是經過人類歷史考驗並流傳下來的信仰，我們該信哪一個呢？

我身邊很多年輕人都有這樣的困惑，有的人甚至直接問我佛教和基督教哪一個比較好。我只能回答他們，有了信仰就好，不要探求哪一個比哪一個高級，也不要在心裡存在先入為主的觀念，抬高哪一個，貶低哪一個，這都不是對信仰的基本觀念。

很多人的信仰，完全是心血來潮，甚至是趕時髦，別人念佛了，他也跟著念佛，念著念著，覺得對自己的心靈和生活沒有什麼助益就不念了。看到別人去教堂做禮拜也跟著去，卻對基督教完全不了解。這樣的信仰，並不是將它放在心裡，用來指引生活，可以說是本末倒置了。

對信仰基督教的人，我只會告訴他們，要信就好好信，別三心二意。我相信，有了信仰的人，會以平和、善良的心態生活，對於挫折、矛盾和困難，會以樂觀、向上的心去體會；在事業上，會勇於面對那些不如意；在福利、地位、待遇等等方面，能用一個平常的心態去理解，不會因此產生不必要的煩惱，當有了收穫的時候，反而能得到很多人難以得到的快樂。如果大家都是這樣去面對人生、面對世界，我們的世界就能更平和，沒有爭執矛盾，大家生活在善良和理解中，自然就沒有對別人的暴力和不滿，也沒有對自己的委屈和貪求了。

我這樣說的前提是，我相信所有的信仰都是入世的，都是積極的，都是可以為這個社會的和平和個人的修養有幫助。

佛教是入世的，是要每一個信仰它的人，善待他人，善待自己的生活，也善待這個世界，並進而去創造我們希望中的世界。我相信所有信仰的宗旨和目標也都一樣，我們解釋的都是人從何處來、到何處去的問題，探討的都是人在這個世界的生存問題，追究的都是宇宙的真理。

如果不能理解這一點，很多人在對信仰的問題就會更加迷惘，因此產生『我該信什麼？』『我信這個對不對？』這樣的疑問。沒有信仰的基礎，所找的信仰對他的人生和生活，絲毫沒有半點好處。當遇到實在解決不了的問題時，他反過來還會懷疑自己的信仰。

這樣的信仰，不信也罷了。

當然，在歷史上，也有很多轉變信仰的例子。但我們要知道，這種對舊信仰的拋棄和對新的信仰的堅定，是因為在積極參與社會生活的基礎上，對信仰本身進行了深刻的研究和理解，從而發現了它不適合自己的地方。

這時，才會出現轉變信仰的情況。

而這種轉變，也是在對新的信仰進行了了解和研究的基礎上，認為新的信仰可以解決自己現實中和人生中的問題。這樣的信仰轉變，不是隨便的，也不是趕潮流，更不是心血來潮，而是真正發現了解脫的方法和途徑。

PART 6

煩惱如空

生氣只會傷人又傷己

朋友說他們幾個人一起去吃小吃的時候，遇到了打架的事件。兩個人竟只是因為一張鈔票缺了一個小小的角，在收與不收的問題上爭執起來，最後竟然揮拳相向，還引得同行的人與賣東西的人也大打出手。

朋友搖著頭說：『現在的人，火氣太盛！』

對於這種一點小事就大打出手的事，現在似乎並不少見，看起來就像朋友形容得那樣，人們的火氣越來越大了！可是，為什麼人們就不能控制一下，不讓自己的脾氣那麼火爆呢?!難不成人們天生就愛打架?!我想，當然不應該是這樣的。也許，是日益緊張的生活壓力讓人們無處宣洩自己的情感，才因此而引起的吧！

但是，嗔心太盛，於人於己都不利。說白了，嗔心一起，煩惱便起，人本來有的慈悲心、容忍、平靜便都被這嗔心趕到了一邊，擠在一處而無計可施，只能坐視嗔心耀武揚威。

佛家把嗔心稱為『三毒』之一，有『毒』的心當然難成正果。就像那打架的人，因為心頭火起便壓制不住，暴跳如雷，罵也罵了，打了打了，最後看看彼此之間的憤怒和狼狽，想想雖然逞了一時的口舌之快，也洩了心頭的怒火，但是心裡真的就痛快了嗎？自己又能從這打罵中得到什麼？除了憤怒、傷痛，只剩下滿心的火氣了！

佛說，煩惱如空，只是幻化的影像；嗔心如水月，一抓就破，哪有形象可得?!

如果能克制自己的憤怒，平心靜氣地溝通，或者乾脆放開這件事不去理會，不但自己什麼也沒失去，反而會得到很多：不生氣，心情自然比那生氣的強；不動手打架，自然少耗費體力，既免去自己的皮肉之苦，也免去別人的皮肉之苦；至於那破了角的鈔票，早晚都花得出去，花不出去的話到銀行換一張新的，照樣可以用，不是什麼是非都沒有了嗎？

可見，嗔心果如水月，一抓就破。佛經說：『人因嗔心，仇恨敵對，不喜他善，不耐他榮，又因利害衝突，是非蜂起，刀槍相見，非置對方於死地不可，致使人間充滿殺機，人的生命財產備受威脅。』嗔心起，恨難消，怒火高，安寧無。

每想到此，我總希望能勸火氣旺盛的人能夠學習佛法，明白嗔心如水月的道理，能夠使自己的內心平靜，懷著一顆慈悲心遠離忿怒、仇恨敵對種種過失，不因嗔恨而殘殺無辜，不因忿怒而虐待生物，慈悲、容忍、寬恕，時時為人著想，處處勸人行善，共創一個安寧的社會、和平的世界。使自己和別人都能夠快樂地生活，於人於己都有利啊！

不過，嗔心也並非一無是處，如同世上萬物皆有它的相對性一樣。如果你無法逃避怒氣，也無法在發怒的當下平息嗔心，不妨試著把嗔心轉成菩提。這個道理就如同一把鋒利的手術刀，在醫術高明的大夫手中，就能挽救病患的性命；如果落到屠夫的手中，它便成了一把奪去生命的屠刀。如果能悟到嗔心如水月的道理，那麼嗔心也即是菩提了。

癡迷讓人流汗又流淚

人皆有癡心，也正因此，貪嗔癡被謂為『三毒』。

世間的癡人最多，尤其是為愛癡狂的人更是數不勝數。很多癡心人做盡癡心事，卻難得有情人終成眷屬，其實癡心猶如鏡花，抓不到摸不著，一觸即破，不復可得！

佛說，人因癡心，不明真理，不尚正義，不知因果，僅憑情緒衝動，胡作非為，導人於迷信，陷人於邪見，人間苦惱，隨之而增。若能學佛，以智慧心對治內心愚癡，不信邪教，止息邪行，進而洗刷內在無明煩惱的積垢，使內心清淨，不顛倒是非，不嫉賢妒能，不傲慢無禮，輕視他人，擡高自己；反而能夠時刻關懷別人，關懷社會，以智慧劍，斷我法二執，放下個人的利害得失，進而捨己為人，如是積福積德，自然使自己的運程，脫離苦因苦果，長養善根，運行於永生不滅，純樂無苦，純淨無染的真理境界

……

愛，究竟是什麼？愛她秀美的容貌？愛他滿腹的才華？愛她天真的笑容？還是愛他毫無心機的坦誠？可是，一切終究會變，變了的他（她）你還愛不愛？如果曾經令你那麼癡迷的愛人都會在某一天被你所背棄，還有什麼是你真正所愛的？說白了，你所癡情、所愛的只不過是你自己而已，以及讓你感覺愉悅的東西。

有首偈子說：

世人意馬離慧房　只用心猿守情長
更有萬般饑渴飲　何時得以歸西鄉
常言恩愛意漸濃　旋踵即落惆悵中
都把愛比天地久　我視驟雨紙蝴蝶
今人若能明此理　何勞別處立功課
我佛言身如露電　一失萬劫難復還
我意勸諸同人知　情愛只是古董貨
粉碎虛空爲了當　從此極樂可相賀

雖然並不知道這偈子出自哪兒，連作者也不知道是誰，但我想，這偈子喻於情愛中的癡迷到底是什麼，看完之後便知道了，大概就是那『驟雨紙蝴蝶』以及『粉碎虛空』吧！世人執著於虛無飄渺的愛情，卻不知那癡迷的盡頭全是淚水和傷痛。追求了一生，卻怎麼也看不透情愛的虛妄，不知那癡情就如鏡中花，一轉頭便不復可得！

愛情如此，世心如是。癡迷帶給人們的除了痛苦還是痛苦，除了汗水便是淚水。可是人們卻總是捨不得，只在紅塵俗世中癡情於自己的妄想，不明白無論你得到名也好利也好，最終仍會是『赤條條來去無牽掛』地離開這紅塵。癡迷於俗世，結果總是一場空。

《紅樓夢》裡的〈好了歌〉道：

世人都曉神仙好，惟有功名忘不了！
古今將相在何方？荒塚一堆草沒了！
世人都曉神仙好，只有金銀忘不了！

終朝只恨聚無多，及到多時眼閉了！
世人都曉神仙好，只有姣妻忘不了！
君生日日說恩情，君死又隨人去了！
世人都曉神仙好，只有兒孫忘不了！
癡心父母古來多，孝順兒孫誰見了？

可見，癡於情、癡於事，終於會在種種的痛苦或短暫的歡娛之後走向虛無，想起來不免可嘆，人活一世，歷盡千辛萬苦，以為得到了自己想要的，其實卻是一場空。不如化解癡心，悟得癡心鏡花的因果，明瞭此生輪迴的因緣，為得悟菩提積蘊正見。

雖人皆會癡，若以此悟道，也不枉癡情一次，此生輪迴！

鏡花水月本是空

鏡中花與水中月，本來就是不可得、不可摸的，因為它們只是影子，是鏡中與水中倒映的影像，也是鏡中與水中並不實際存在的東西。

佛家以五蘊（色、受、想、行、識）、六根（眼、耳、鼻、舌、身、意）、六塵（色、聲、香、味、觸、法）、四大（地、水、火、風）及八識（即佛門唯識學中所講的眼、耳、鼻、舌、身、意、末那、阿賴耶八個識）來概括人類生命中的活動、功能、現象和本質等的全部內容。我們的一切身心狀況、形態、生命活動、生活歷程、生存環境與時空，乃至包括行善做惡、聽聞佛法、修證佛法等等，均離不開五蘊、六根、六塵、四大和八識之『屬性規則』。

佛家還把衰、毀、譏、苦、稱、譽、利、樂統稱為八風。對於人們來說，最難克服的不是衰、毀、譏、苦，而是稱、譽、利、樂，然而從這些再向裡看，則會看到佛門常講的『四大皆空』。『空』泛指一切事物的本質為『空性』，是說沒有一種事物能孤立產生、存在和恆常不變，一切都是真如實相的『起用』和『顯露』。因此佛門把事物在實際上非恆常、非孤立、非實有的本然性質叫做『空性』。

若要做到四大皆空，便要做到『無我』。在佛法中，『我』是萬法之中的『法』，萬法都是大空性，『我』是真如依緣起的『產物』，其形態方式自有生滅，絕沒有一個恆常不變、獨立之本體的『我』可以執取和貪著。『無我』並非否定『我』的生命現象、功能和活動，而是由菩提心和慈悲心引發的『無我』的觀照，是從心生出的反觀自照。

若能因此明白『無我』與『空』，自然也就明白鏡花水月其實也是一種『空』。所謂千江水自有千江月，月只一個，卻化身無數投影江水之中，誰又能說是月亮掉入千江水中？中國古有猴子撈月的傳說，以為是月亮掉到水裡，撈來撈去卻是一場空，這才知道真正的月亮還在天上，水中的月亮不過是個影罷了。影雖然表現出物體的形象，實際卻是假的，是空的。

紅塵俗世，欲海浮沈，而世間萬物變化無常，滄海桑田，緣起緣滅，一切皆是空。而一切貪嗔癡心，不過如鏡花水月，看著如霧裡看花，卻是一抓即破，終不復得。佛說，明得真性在，方識身外身。看破那鏡花水月，看出的應只有空。執著貪嗔癡，佛道不可為——不執著於貪心，不執著於嗔心，不執著於癡心，不執著於語言，不執著於空像，實相無相無不相，真幻兩不立，不執空不執有，性相一如。

人生在世，要經過多少苦難，我們才能相信平安就是福？要經過多少折磨，我們才能體會寧靜就是祿？要經過多少生滅，我們才能證悟涅槃就是壽？

千江有水千江月，鏡花水月本是空。了了世間萬物，才知萬物皆空。

長大的好處

有兩個父子同時皈依佛門，父親因為體會到塵世的苦難，皈依佛門是有感而行；而孩子卻是因為父親想讓他自小就有個信仰，藉由從小修持，以便未來能有大智慧、大自在去對待日後的人生。

不過，有一天這位父親卻對我說：『師父，我這個孩子一天比一天大了，我也覺得一天比一天管不了他了，他小時候很聽話的，真希望他永遠都是那個可愛的小孩子。』

我問那孩子，孩子說：『長大了也真沒意思，每天的煩惱越來越多，不像小時候無憂無慮的。』

這一對父子，說的都有道理。可是，人是不可能不長大的，即使明知道要面對更多的煩惱、痛苦，更多的無常，也總不能永遠活在兒童時期吧。一個人在童年的時候，有孩子時的苦，長大了有成人的苦。重點是，不管在哪個時期，都要做個有心人，都要是個會生活、有智慧的人。

我對父子兩人說：『長大了，自然有長大的好。沒有什麼時期是最好的，苦永遠存在，快樂也永遠存在，完全要看每個人的心態。』

一個人的兒童時期，表面上看來不用參與社會生活，但他沒有足夠的知識，對世間的萬物都疑惑不解，這不是苦嗎？他也沒有力量，甚至不會保護自己，時時會受到外界對他的傷害，身體的疼痛對一個小孩子來講，不是苦嗎？小孩子還會受到各種各樣社會惡念、惡行的誘惑，要他們去辨別、抵抗，這不是苦嗎？他們也苦，只是接受苦的面不廣而已。成人總覺得小孩子天真、好玩，這是不理解他們的苦啊。

至於成人，面對的社會問題更多，因此，覺得苦也更多，光是『求不得苦』，就讓多少人苦了一輩子呢。但是，當我們知道苦的真諦，我們又何嘗不會得到大解脫、大自在呢？

一個人長大了，有更多對社會事物的觀察力、領悟力和分析能力，能夠自由地支配自己的生活，讓生活豐富多彩，能夠通過自己的努力，盡孝道、幫朋友，讓更多的人快樂，這本身不就是大快樂嗎？而這是在孩子的時期做不到的。

能夠時刻發現成長的好，也在於能夠發現更多的世俗社會的苦難、不公平，深刻地認識這個社會，從而讓自己對社會的貢獻更多、更大。成人的社會裡，我們每天都能看到惡行，如果就此認為長大不好，那就本末倒置了。我們應該知道，看到惡的時候，要去化解它而不是迴避它，要消除它而不是讓它傷害更多的人。當我們能做到這一點，而且發現自己有能力做到這一點時，不是很快樂嗎？

就像求佛，剛修持的人，會覺得自己的心平靜了，脫離了貪嗔癡三惡趣，這時是高興欣喜的。這個階段有點像是小孩子，沒有了煩惱，每天活在快樂中。修持到了一定階段後，會發現社會中存在這麼多的苦，甚至越修持越發現更多的苦，因此，很多修持的人會灰心，並對社會失望。

這就像是成年人的社會，即使你想躲避，可是苦還是找到你的頭上來。我們怎麼辦呢？面對那麼多苦，只有我們自己修持是不夠的，要讓更多的人感悟佛法，讓更多的人脫離惡趣。如此一來，雖然看到那麼多的苦，但我們也讓那麼多的人擺脫苦，是對別人有好處的，這不就是快樂嗎？

這就像長大和不長大的關係，我們都知道小孩子無憂無慮，但你不能指望自己永遠是小孩子。我們都知道小乘佛教渡自己的道理，但我們不能看著別人還在苦中。讓自己解脫當然快樂，讓別人也解脫更是大快樂。而這大快樂，是要長大了才會發現的，這種長大，是人的年齡的長大，也是智慧、慈悲心的長大。

如果用一顆我為人人的心去長大，長大了自有他的好處。

人生苦難老方知

大凡到了老年的時候，很多人才會認真地回憶、反思自己的一生。這些回憶中，有年少時的理想，有青年時的輕狂和拚搏，有中年時的磨難、痛苦，當然，還有足以欣慰一生的事業成就……到了老年的時候，這些東西彷彿突然復活了似的，連成了一條線，讓每個人都有很多感悟、心得。

很多老年人常常說，『如果當初不那樣……』或是『如果那個機會把握住了……』但有多少當事人能在當初就做出那樣的決定呢？我們甚至每天都在面臨選擇，每一種看來似乎都有很好的前景，於是，更多的時候，更多的人，所做的選擇都像是下賭注似的，這無關理性不理性，而是即使很理性，也看不到所選擇的有什麼不對。

世事就是這樣，很多當初最『理性』的選擇，到後來回憶起來，卻變成是不理性的決定，反而讓人後悔了。反觀很多『不經意』的選擇，卻還真成就了一個人。所謂

『世事無常』，大概就是這樣。

如果我們真的把人生的每一步都當成『賭博』，也就沒必要認真地生活了，只要『押寶』就好；我們也沒必要後悔什麼，畢竟，賭博有輸有贏，贏了算是偏得，輸了也沒有什麼可沮喪。

那麼，為什麼還有這麼多的人，到了老年的時候，方才後悔當初的選擇呢？就在於我們每一個人選擇的時候，都不是隨意，而是深思熟慮的。因此當預期目標沒達到的時候，因為時間和精力已經付出太多，又捨不得放棄，於是煩惱的事情越積越多，到了老年後悔也就在所難免。

所以，很多老年人說：『人生苦難老方知。』年輕的時候，所有的苦難都在自信和勇氣中被掩蓋了，到了老的時候，它們卻集中發作起來，可是，這時已經沒什麼精力、雄心和勇氣，一下子要承受這些痛苦，果然是苦難。

我們生活中所有的快樂和痛苦，都是自己種下的『因』所得到的『果』。這個『因』就是我們的選擇。比如一個人選擇了物質生活，因此必須賺很多錢。但有的人以誠信為本去賺錢，有的人則是『走偏門』，做了違法或缺德的事，這種『因』所造成的

『果』，在佛家裡說是『現世報』，很多人是活著的時候就得到『報應』。

另外，有的人賺錢是為了家人或者幫助更多的人，有的人賺錢的目的就不那麼純粹，是想要揮霍，或者想要做另外的惡事。表面上，他們都是誠實勞動，遵紀守法，但是，內心的動機卻不一樣，這時所得的『果』也會不一樣。

又比如一對同學，在面臨就業選擇的時候，一個人的選擇比較自私，只為了自己的生活，另一個人的選擇則從一開始就是為了大眾，所做也都是『我為人人』的事業。到了老年時，他們的『果』就會不一樣。前者，雖然生活無憂，卻處處碰到矛盾、委屈和痛苦，而後者雖然不一定有富足的生活，但是心裡無私、寬闊，因為他的快樂是建立在解脫的基礎上。

我們在選擇的時候，很多情況下方向好像都差不多，我們也不知道究竟哪一個更好，於是就隨便選一個算了。但是，仔細想想在這個過程中，我們又何嘗沒有私心？這就是『因』啊！

擁有大智慧其實很簡單

老年人在我們的社會裡可以說是一個精神財富。他們『過的橋比年輕人走的路都多』，在他們的一生中，遇到過的矛盾、困苦要比年輕人多得多，他們對這些困難的理解也比我們全面、深刻得多。這不就是一種財富嗎？

人到了一定歲數時，在紛繁複雜的社會生活中，通過自己的經驗和教訓，大多累積了處世的智慧。不過這裡所說的『智慧』，是指能通達宇宙萬物，能觀照人世百態，是一種對人生的觀念和方法。

老年人具備這種『智慧』，有兩個必備的條件。第一個條件，要在漫長的人生中，對人間的矛盾、困惑、苦難等有深刻的認識，這種深刻，一要不偏激、不激憤，而是理性地看待；二要善於思考，善於總結，不是得過且過，而是要在經歷中發現人世生活的普遍道理和普遍規律。第二個條件，則是老年人基本上已經不參與社會俗務，因此，有足夠的時間和精力去思考人生的問題，這樣的環境讓他們的思考和總結很少有雜念，也就類似於佛家講的『禪定』的狀態。

這樣講，我們就可以明白，佛家講的『智慧』從哪裡來？一是從入世中來，從實踐中來，沒有這個基礎，所有的思想都是別人說的或者是別人寫的，要不就是自己的空想。二是從內心的環境來，不能邊思考邊做一些干擾的事情，否則思考成果往往會受到所做事情的左右。

有一個很著名的政治家，他說過一句名言：『三十歲之前，父親的話在我看來是迂腐的，三十歲之後，才知道父親的話每一句都是真知灼見。』

我們每一個人的人生，都要經歷困惑甚至磨難，但是，老年人早就提醒過我們了啊，我們不能說沒有先輩的例子做為我們的借鑒。那麼，為什麼我們常常還是會『不聽老人言，吃虧在眼前』？總是要到已經沒有時間和精力去做什麼事情的時候，才有成熟、容忍的性格和掌握處理事情的方法呢？

喜歡讀歷史的人大概都知道，在我們中國歷史上，每一代都不乏這樣的人，年輕的時候，他們就已經具備了非常高的人格修養和非常適應社會的處世原則，為什麼他們年輕的時候就可以充滿『智慧』？其實要靠修鍊。這種修鍊，有善於學習、善於歸納、具備對社會事務的敏感度等多種因素，而這些都是後天可以養成的。可是，為什麼大多數人不具備這種素質？因為很多人太執著於世俗。

人年輕的時候，接觸的東西多，領悟快，好奇心也強，所以，什麼事情都願意嘗試，什麼事情都可以去做，這就難免分心，也就是說，被很多幻象誘惑了。譬如，昨天還發誓好好用功學習，今天卻又開始做明星夢，後天搞不好想和別人學著做生意去了。在佛家講，這就是陷入貪嗔癡三惡趣了。久而久之，這樣的心怎麼能看明白自己？又怎麼能看明白這個世界呢？

每一個人都可以有大智慧，問題是，你用什麼樣的心去看待這個世界。

愛情的力量

愛情在世俗社會裡，變得越來越脆弱，也因此越來越重要了。我想沒有一個人不想要一個幸福美滿的愛情，可是，憧憬和追尋得越強烈，愛情彷彿就越脆弱，變得禁不起一點風浪，甚至一言不和都可能讓一段令人羡慕的感情夭折；愛情越脆弱，人們對愛情就越失望、也越來越不相信，但在內心深處，對純真愛情的渴望卻更加強烈，而由於來之不易，所以更要珍惜。

作為佛家弟子，我對愛情和婚姻有自己的理解和認識，我堅信愛情和婚姻是輪迴和因果關係所造就的緣分。我看過太多人間的離合，身邊也有很多人是家庭不和，感情正處於危機中。但也有很多夫妻相敬如賓，感情維繫得很好，而且，時間越久，感情越深厚。或許，正是因為我跳出了世俗愛情的界限，所以，我能更清楚地看到愛情的真諦。

佛家對愛情和婚姻的觀念，我想即使是不懂佛法的人，也能略知一二。我們認為姻緣是前世修定的，在大千世界裡兩人能夠相遇，本身就是緣分，而如能修成感情，進而結成婚姻，更是十分不容易，是前世所做功德的『果』。而感情失和、婚姻破裂，在佛家看來，也是早有『因』在前，只不過，今世要人品嘗這個『果』罷了。

然而，我們又是這麼執著於這個『果』，甚至，將這個『果』當成『因』，感情失敗之後，便一蹶不振，自暴自棄。或者，改變自己的生活理想，玩世不恭，做出很多荒唐事。問他原因，他卻振振有辭的說：『如果不是因為那段愛情，根本不會這樣。』言外之意，是如果當初的愛情圓滿，自己也就生活得平安了，也就『換個活法』了。

這不是給自己找理由嗎？

我們都明白一個道理：愛情，本來就不是可以一談就成的，世界上這麼多東西，唯獨愛情最難得到，因為它是兩個人的事。一個人有知識、權力、智慧，可以得到學位、地位和事業成就，只要達到標準就可以有收穫。可是愛情的標準，卻不是自己定的，也不是社會定的。我們為愛情所做的所有努力，並不見得我們可以把握結果。

可是，更多的人在痛苦的時候，卻忘了擁有時的幸福，於是，心理失衡，不相信感情、沒有事業心，更糟的是因愛生恨。現在，類似感情報復的事情，每每見於報端，讓人不禁問：愛情是很美的人間情愫，為什麼失衡的心理會讓它變成惡魔？

而看看相愛到老的夫妻，我們會得到更多的啟示。

能夠平安幸福走過一生的夫妻，都有幾個相同的地方：互相信任、寬容、誠實、承擔自己的錯誤、改變自己與對方不適應的地方，即使自己沒有錯。

一對英國夫婦慶祝結婚八十週年，他們的愛情『保鮮』秘訣是：常說『對不起』和『是，親愛的』。這兩句話，其實是用最簡單最世俗的言語解釋了佛家對愛情的觀念：愛情是前世修來的，但世事無常，我們必須知道，今生今世，我們也是在修行，是在為來世修。那麼，在今世，我們所做的，又有哪些是我們應得的，有哪些是我們只要享受，不去付出的？

愛情就是這樣，沒有付出，就沒有幸福美滿。

很多人或許很痛苦，他們問我：『我付出得很多了，我為她……』我們承認，在追求愛情的過程中，我們會花費時間、精力和金錢。但是，話說回來，誰相信金錢可以買愛情？如果不相信，那麼，我們不要說我們付出了什麼。也有人付出的是感情，是精神方面的，對對方用情這麼深，對方怎麼那樣傷害我呢？如果是這樣，我們要想想，哪有不必付出情感就能得到愛情？而我們在付出的時候，又完全是那麼純粹和純潔嗎？

很早以前，聽說過這樣一則故事，這段故事，也成為人類歷史上的經典愛情。

早年，金岳霖十分喜歡林徽音，可是，林徽音卻和金岳霖的好朋友梁思成有了感情。梁思成從小有殘疾，對林徽音說，還是選擇金岳霖吧，而且還十分肯定金岳霖的為人和學問。林徽音將這段事和金岳霖講述了一遍。金岳霖沈思了半晌，對林徽音說：『看來，梁思成是最愛妳的，我的愛比不上他的。』

從此，金岳霖再也沒打擾過梁思成和林徽音的感情，而且，和他們成了很好的朋友。金岳霖成全了梁、林的婚姻佳話，他卻終生未娶。

我想，這就是愛情的力量。

有心，就能成就一生的友情

我們的一生中，會遇到多少個人？人海茫茫中，我們結識了那麼多的朋友，又有哪一個可以說保持了很好的友情？這個問題，確實會讓很多人深思。

每個人和朋友的交往，都是有原則的。這個原則，有一般原則，比如對方的人品、道德層次和行為規範等等，另外就是私人的，比如性格、家庭背景、學識等等，就看投緣不投緣了。可是，我們交往了那麼多人，不能說每一個人都是壞人，也不能說每一個人都和我們不投緣，為什麼朋友多了，而『友情』卻少了呢？

其實就在內心。因為我們在內心中設了一堵牆，讓每一次情感的交流都撞牆而回。人心隔成的牆，比世界上任何磚砌的牆都要難以摧毀。

比如說，我們新認識一個朋友的時候，首先會察言觀色，並在心裡揣測：這個人找我有什麼目的？是不是想利用我？或者，我能用這個人做些什麼？有了這兩種念頭，我們怎麼能指望所謂『友情』？

有人說，所謂『友情』，只是停留在青春期之前或者學生時代。這個時期交的朋友，是互相沒有機心，沒有防備的，純粹是感情和經歷的交融，是打都打不散的鐵朋友。而成年後，在社會上交的朋友，則多了一層利用關係，是互相『利用』，而不是互相交心。

可是，我們也知道，同學、少年時的玩伴，長大後都天各一方，很多都是多年不見面的了，還能談什麼『友情』？況且很多人長大後變化很大，都不見得再能談得來，這『友情』還能存在嗎？更有一種現象：同學聚會的時候，凡是有了地位和職位的人，似乎都是別人『友情』的物件，而那些工作、生活不如意的人，即使以前感情再好，也只是『普通朋友』，僅僅是『敘舊』的物件罷了。

這時候，很多人將『友情』二字置於利益之上，凡是對自己有利益的人，則可以保持『友情』，沒有的，也就不放在心上。

我們一邊口口聲聲說友情難尋難得，另一面，卻破壞友情在自己內心中的形象，根本就是用兩種概念來講一個事物，這樣的『友情』，到底是什麼呢？

在世俗中生活，我們除了親人，還需要朋友。人世間，有各種各樣的煩惱，單靠一個人的力量，是不可能解脫的。這個時候，我們除了需要物質上的幫助，更需要精神上的依靠、排解和安慰、理解。

然而，我們是怎麼做的呢？當有了難處的時候，我們想到了朋友，這時的朋友，就不普通了，而是上升到『友誼』。當『平步青雲』的時候呢，我們孤傲、自滿、剛愎，內心裡起了『霸氣』，這時候，好心的朋友規勸我們幾句，我們就對人家起了疑心，不是認為對方嫉妒，就是猜測對方有什麼企圖。豈不知，這個時候，才真的是『大難臨頭』！

人的苦難，不在一時的手頭拮据和物質上的難處，而是自己身陷泥淖而不自知。這個時候，如有朋友善意地提醒、幫助，不正是我們需要的『友情』嗎？但有多少人卻視而不見，反而心中生怨？

人生於世，若能兩心相交，已經是萬分難得。可是，我們是那麼不重視這種難得，往往將友誼、親情、愛情這種可遇不可求的感情輕易拋棄，而對地位、官職等虛幻的東西趨之若鶩。這不是『生在福中不知福』，而是『生在苦中以為福』呢。

其實，『友情』是不可求，但又哪裡是不可遇的呢？我們都以為身邊的每一個人都不足以結交出友情，這是我們遇到而不自知。凡是所有精神方面的東西，都是靠我們去『修』的，就比如信仰，不是擺在那裡我們直接拿就可以用，如果是這樣，我們拋棄的也必定更快。這要我們去『修』，用什麼『修』呢？要靠我們的心。

這顆心，不是互相利用的自私之心，不是互相提防的小人之心，也不是可同甘不能共苦的狹隘之心，而是一顆用善、誠、真、直築建起來的心；這顆心，不要有怨恨、嫉妒、攀比，更不要隱匿自己的不好。試著用這樣的心去交流，你會發現，對方也是這樣想的。

每個時代，都有偉大的友誼存在。我們會發現，凡是所有成就了一生的友誼的人，其人格都是高尚的，也都成就了一番大事業。

友情永在，問題在於我們的那顆心在不在。

童年是人生重要的基礎

有這樣一則小故事，一個諾貝爾獎得主領獎的時候，主持人問他：『對您來講，您認為會得到這個獎，是在什麼年齡時的經歷曾發生關鍵作用？』科學家毫不猶豫地說：『童年。』

科學家解釋道：『我童年時養成的良好生活習慣，讓我一直到現在還受益無窮，我所有的成績，都是建立在這個基礎上。』他所說的『良好生活習慣』，可以是早睡早起不偷懶，可以是遵守計畫一絲不苟，也可以是保持愉快從容的心情，甚至，可以是團結、友愛、積極、胸懷廣闊。這些，都是良好的生活習慣。

而這些生活習慣，確實都是在兒童時期就可以養成，至少，是在這個期間打下的基礎。這樣說來，童年，對一個人的影響至關重要了。

現在的父母，很多是要求孩子努力學習、和別人競爭等等。可是，只該有這些嗎？不！還有信仰啊！我們不要忽視信仰對一個人的人生產生的重要作用。很多人認為孩子還小，還不能理解信仰，其實，這是很錯誤的觀點。第一，信仰是引導一個人理解生活和世界的基礎。第二，說得簡單些，信仰就是人生觀，就是一個人的胸懷，這不是要從小就養成的嗎？父母教孩子團結、尊重、胸襟要豁達，這就是信仰的基礎。

佛家講求因果，我們認為，兒童的心是一片未被污染的淨土，但很多小孩在沒有辨別能力的情況下，受到世俗社會的一些不好的現象影響，從而有了貪嗔癡等惡趣，比如小小年紀就口出髒言、不尊敬師長，甚至以暴力去解決矛盾。這就種下了惡的『因』，這樣的孩子長大後，會得到什麼『果』是可以想見的。

很多家長，在教育孩子的方法上不夠完美。比如，兒童學會說髒話，家長採取的方式是狠狠地喝斥，孩子做了錯事，動輒痛打一頓。這都是不對的方式，家長應該要和兒童說清楚這樣做為什麼不對，用潛移默化的方式，讓孩子的內心逐漸培育出信仰的輪廓，讓他明白，發善心、做善事，不是父母要求的紀律，也不是社會的規範，而是成為一個『人』必要的要求。不然，很多孩子可以反問：『別人都可以這麼做，我為什麼不能？』這個問題，只有信仰才能解釋清楚。

如果說，童年是人生的『因』，那麼，老年就是人生的『果』。每一個人都希望老的時候能實現人生價值而且有所收穫。但是，大多數人認為這個『果』是靠著年輕時的學習，中年時的打拚，而忽視了童年的重要。

『讓孩子像個孩子』不僅是恢復他們天真快樂的本性，不讓成人社會的不良影響污染了孩子純淨的心靈。而且要『讓孩子學會做個人』，逐漸培養孩子的完善的人格，讓他們學著有善心，胸襟廣闊，心中裝有天地，做一個有信仰的人。

因緣會聚時，果報還自受

佛講因緣，還有因果。萬事皆有因亦有果，如是因，才有如是果。萬事萬物都離不開這樣的因緣。

美國曾發生了一件有些離奇的案件。德克薩斯州有一個騙子叫格林・迪克林特，他拋棄了一個被他玩弄後的女孩。女孩痛苦不堪，最後含悲自殺。女孩的弟弟一直想為姐姐報仇，有一天終於找到機會，朝格林開了一槍。沒想到，子彈偏了一點，擦過格林的臉射進了旁邊的樹幹裡。格林除了臉上被擦破了一層皮外，算是毫髮無傷，這讓他暗自慶幸得很。

然而從此以後，那顆嵌入了樹中的子彈卻成了格林所有惡夢的根源，每當他夢到自己被那顆子彈射中之後，總會從夢中驚醒，然後又會在一身冷汗中不停地想起那顆險些要了自己性命的子彈。

終於，格林再也忍受不了這顆子彈的存在了，他決定把那顆嵌著子彈的樹鋸倒，以為從此就再也不會有什麼威脅，而自己的惡夢也就會理所當然地消失了。

於是，格林找來一把鋸子，打算把樹鋸倒。沒想到樹幹比較粗，用鋸子很難鋸倒，於是他就找來了一些炸藥，打算用炸藥把大樹炸倒。炸藥放好，點著火之後，他跑到一邊準備親眼看著自己的惡夢被炸倒的一刻。爆炸聲響起，格林卻應聲倒下了！原來，那顆留在樹裡的子彈因為炸藥的威力而彈出，恰好擊中了等在一邊的格林。

本想除掉自己惡夢的根源，卻仍是被復仇的子彈所擊中，冥冥中，還是讓那死去的女孩報了仇。

你可以說這一切只不過是個巧合，巧合得需要所有的人物、時間、地點，甚至連人物的心情都要完全對得上號，才有可能出現這樣巧得不能再巧的一幕。

但其實這就是一種因緣。正因為有格林種惡果在先，才會有女孩的弟弟找他報仇的惡果在後；正因為他心中有鬼，時常因子彈做惡夢在先，才有想要除掉子彈的心思在後；正因為有他做惡遭人報復在先，才有子彈偏巧擊中他在後啊！正因為有這樣的因，才導致他受了這樣的果。

我還聽說過這樣一件事，德國一家報紙廣告上說，有一輛八成新的ＢＭＷ轎車出售，價格只需要一馬克。因為那天剛巧是愚人節，因此人們幾乎都把這則廣告當成了愚人節的笑話，一笑置之。

有一個美國青年卻相信了，於是按照廣告提供的方法與車主取得了聯繫，一問之下，發現這廣告竟然是真的，於是，年輕人只花了一馬克便買到了那輛八成新的ＢＭＷ轎車！

原來，出售ＢＭＷ的女主人，是因為她的丈夫剛剛去世，卻在遺囑裡安排把這輛ＢＭＷ送給他的情人。女主人一氣之下，決定以一馬克的價格把車賣掉，再將售車款給她丈夫的情人。

你看，這世上的許多事其實都在這因果裡，所謂因緣會聚時，果報還自受就是這個道理，只不過在別人眼中看起來似乎只是幸運和倒楣之分：有的人第一次買彩票就中了大獎，也有人第一次偷東西就被抓了起來；有人第一次上戰場就立下了赫赫戰功，有的人卻可能第一次去紅燈區就染上了愛滋病；有的人只唱了一首歌就紅遍了大江南北，有的人卻可能在天天走的樓梯上摔斷了骨頭……

其實事實並非如此，至少並不是我們所看到的那樣單純。人一生的因緣不只在此一世中，還有上一世、上上世的因緣，同時，也將存在於下一世、下下世的輪迴中。但無論怎樣輪迴，卻始終是因緣會聚時，果報還自受。

雖然都說是善有善報，惡有惡報，可是，為什麼有一些惡貫滿盈的惡人卻在世上逍遙自在呢？而那鞠躬盡瘁的好人卻總有著出師未捷身先死的遺憾？這就是我們所說的因緣不只一世的原因了。惡人享福、好人短壽，只能說明他們上一世的業報是不同的。惡人也許在上世積了許多福報，之所以沒馬上就遭報應，就是因為福報未盡，福報一盡，自然就要遭惡報了。這也是人們常說的，不是不報，時候未到。至於到底是先有福報還是先有惡報，則要看個人的因緣了，善緣先成熟則先報福報，惡緣先成熟則先報惡報。

冷水泡茶慢慢濃

（一）

我並不喜歡喝茶，但身邊很多朋友卻很喜歡，所以無論是辦公室還是住處，我常會準備一些茶葉，待朋友來訪時飲用。古人常會把飲茶與禪悟相連，於是我便萌發了對茶一探究竟的好奇心。

茶的歷史從有記載算起至今也已幾千年了，從神農時代，即西元前二十八世紀，人類便發現了茶葉，當時的茶葉是做為藥用。到了約西元前一千年的西周時代，茶葉是巴蜀一帶『納貢』的珍品。待到春秋時期，茶葉已經成為菜肴湯料供人使用了。

茶葉在人類社會的發展進程中到底起到了什麼樣的作用，從它在人類生活中的地位、表現形式的迅速變化，就可以看出一二。三國時期出現了最早的『以茶代酒』的字眼，而隋文帝患病，則被告知『茗草服之，果然見效』，於是國人爭相採之，茶葉也由藥用演變成社交飲料。到唐代，茶葉才從社會上層走向全民。直到明代，發生了一項最顯著的改變就是：『廢團茶，興葉茶。』從明代開始，貢茶由茶團改為芽茶，即散葉茶，茶在中國歷史的發展中，終於慢慢接近現在的樣子。

儘管茶在中國有著悠久的歷史傳統，但由於幅員遼闊、民族眾多，因此飲茶的習慣和習俗也有著很大的差異。茶在中國的美術、書法及文學史上所佔據的地位，恐怕也是其他事物所不能比擬。與茶有關的茶聯、楹聯以及各種各樣的茶回文，至今看來仍讓人嘖嘖稱奇。其中比較出名的還得屬宋代大詩人蘇東坡所留下的那副對聯：

坐請坐請上坐

茶敬茶敬香茶

據說蘇東坡有一次外遊時，在一座廟中休息時遇到了主持寺廟的老道，由於老道並不認識蘇東坡，因此只是冷淡地對蘇東坡說：『坐。』又吩咐道童：『茶。』待他與蘇東坡交談後發現這人才學過人，就把蘇東坡引至廂房，客氣地說：『請坐。』又對道童說：『敬茶。』繼續深入地交談後，老道才知道原來坐在他面前的就是大名鼎鼎的蘇東坡，於是連忙起身作揖道：『請上坐。』又讓道童『敬香茶』。

老道對蘇東坡態度的前倨後恭，讓蘇東坡頗有些世態炎涼般的感慨，當老道請蘇東坡給寺廟留下墨寶時，蘇東坡便以這位老道前後三次所說的話為內容寫下了這副對聯。看似不經意的串聯，實則帶有苦心的深意，從語氣的變化看出人的變化及態度的變化。令人感嘆的是，即使在那紅塵外修持的出家人，也有不能免俗的勢利心，對人，也對茶。想來那接過著名詩人墨寶的老道，看到這樣一副出自名家卻頗有諷刺意味的對聯時，該是一副很不好意思羞紅了臉的樣子吧！

有人就曾說過，茶是有靈性，有生命的。茶的生命並不在於茶本身，而在於採茶人、製茶人、品茶人的心。飲茶使人寧心、靜氣、養神、修身養性。當茶葉在水中翻騰、起舞，時而浮起、時而沈下、沈下之後旋又浮起，並在這浮沈中醞釀出關於茶的種種味道，這點細品起來倒是很像我們的人生！

或者，這也是越來越多的人喜愛飲茶的一個原因吧！茶總是要慢慢地飲、慢慢地品，才能嚐出其中的味道，品出其中的深意。

（二）

仔細探究茶的起源，就會發現和茶相關聯的文化和風俗在中國文化中佔有重要地位。與茶相關的種種引申也是豐富多彩，比如曾在社會上風靡一時，至今仍沿用著的茶話會，原來也是茶文化的一種引申。

據說茶話會算得上是近代很時髦的一種集會。它既不像古代茶宴、茶會那樣隆重和講究，也不像日本『茶道』那樣必須要有一套嚴格的禮儀和規則，茶話會僅是以清茶或茶點（包括水果、糕點等）招待客人。眾人集會品茶，互換意見，交流和溝通是茶話會最主要的內容。以茶會友，看起來既簡單又隆重，輕鬆、高雅又不失禮節，因此茶話會才逐漸成為世界通用的一種集會形式吧！

喜歡喝茶的人常會有這樣的感悟：茶可會友亦可獨酌，『一杯在手，清香滿室，消除煩慮，使人拋卻是非心、名利心』。當茶的甘味順著舌根、嗓子進入腹中，飲茶者的唇齒間還留著茶香，久久不散之時，可以想見，那小小的一片茶葉可以讓多少人品出造物的神奇！雖然我不喝茶，但也知道茶對那愛茶之人實在可以一葉關情的，而且，古語也常說茶禪一味，只是不知到底有多少人真的可以體會到『從一葉茶看世界』的境界？假如只是為了喝茶而喝茶，或為了精美的茶具而喝茶，或是人云亦云地亦步亦趨，那麼飲茶恐怕就沒有那麼多的意義和讓人遐思的人生況味了，也枉那小小的茶葉在水中翻騰的付出了，是吧？

（三）

喝茶的種種好處是愛飲茶的人津津樂道之事。由於茶能益思，當人們在茶葉的香氣中陷入沈思時，那些小小的葉片總會讓人想起一些與生命的本質或人生發生、發展的漫長過程，就算只是考慮自己周遭的事也是好事，因為這樣的思考會把人的思維引向縱深，也會輻射自己的周圍。可以說，這種由飲茶所帶來的思考的深度和廣度，恐怕是喝茶的人最初沒有想到的。

據說唐代曾有個轟動一時的『趙州吃茶去』的典故，可算是茶禪一味最突出的代表了。

河北趙州有一禪寺，寺中一高僧名從念禪師，人稱『趙州』。

有一天他問新到僧：『曾到此間乎？』

答：『曾到。』

趙州說：『吃茶去！』

又問一僧，答：『不曾到。』

趙州又說：『吃茶去！』

後院主問：『為何到也「吃茶去」，不曾到也「吃茶去」？』

趙州又說：『吃茶去。』

趙州對三個不同者均以『吃茶去』回答，只是希望能以此消除學人的妄想，即所謂『佛法但平常，莫作奇特想』，不論來或沒來過，或者相不相識，只要真心真意地以平常心在一起『吃茶』，就可進入『茶禪一位』的境界。可以看出，茶道與禪心之間的這種默契，正所謂：『唯是平常心，方能得清淨心境；唯是清淨心境，方可自悟禪機。』茶禪一味可見一斑。據說趙朴初也曾寫過一首意識相類的詩：『七碗愛至味，一壺得真趣。空持千百揭，不如吃茶去。』

我不喝茶也不喝咖啡，但不喝不代表不理解、不知道喝茶的種種好處與意境，這也正如許多人雖然喝茶，卻未必知道與茶相關的種種，喝茶的人未必體會得到那由茶帶來的禪境，不喝茶的人也未必不知那由茶香帶來的禪境是人生寶貴的財富。

事實上，就如同我常對弟子們講過的一個道理一樣，當人給茶杯裡添水的時候，無論茶杯裡放著的是茶葉還是咖啡，也無論你想往杯子裡添多少水，那水的本質還是水，茶的本質還是茶，杯子的本質也還是杯子；杯子就那麼大，你倒再多的水它也只能容納一杯那麼多的水，杯子不會因為你倒水的多少或是裡面裝著的茶葉而改變它本身的大小、杯子的本質，水也不會因為杯子裝不下而變成別的什麼。當水的數量超過杯子所能容納的體積，水便會溢出，但茶仍是茶，水仍是水，杯子也還是杯子，改變的可能只是物體的形狀，而不是物體的本質。

禪也如此，無論是茶葉還是咖啡，哪怕只是一杯白開水，只要人們用心體會，禪境就會『因緣觸發，禪機自顯』了。可以說，所謂禪並不是玄妙得無法理解，但確實也高深得很難得到，如果一片小小的茶葉可以把人與佛及禪境巧妙地聯繫起來，那麼，我真的希望人們都愛喝茶，因為這樣，就有機會接近佛祖，接近那高深玄妙的禪境了。

（四）

茶與禪到底如何連接起來的呢？有人說是因為可以概括茶與禪的這幾個字是相通的：苦、靜、凡、放。我覺得這種說法很有道理。釋迦牟尼佛第一次在鹿野苑說法時，談的就是『四諦』之理。而『苦、集、滅、道』四諦以苦為首。佛祖說，人生有生苦、老苦、病苦、死苦、怨憎會苦、愛別離苦、求不得苦等等，凡是構成人類存在的所有物質以及人類生存過程中的精神因素都可以給人帶來各種各樣的『苦』，佛法就是要教人『苦海無邊，回頭是岸』，求佛法而脫離苦海，參禪而看破生死、大徹大悟，求得對『苦』的最終解脫。

而茶性也苦。李時珍在《本草綱目》中就有這樣的記載：『茶苦而寒，陰中之陰，最能降火，火為百病，火情則上清矣……』茶性雖苦，但茶又能苦後回甘，且苦中有甘。正因為茶有這樣的特點，因此修習佛法之人在品茶時，可以產生多種聯想，品茶的時候品味人生，苦甘相伴，借此參破『苦諦』。

對於『靜』，則是茶禪可以聯袂的最顯著也是最重要的一個特點。喝茶的人總愛講究『和靜怡真』，把『靜』作為達到『心齋座忘，滌除玄鑒、澄懷味道的必由之路』；修佛參禪也主靜。無論是佛教中坐禪時的無調（調心、調身、調食、調息、調睡眠）還是『戒、定、慧』三學，這些都是以靜為基礎的。可以說，靜坐靜慮是歷代禪師們參悟佛理的重要課程。

所謂『凡』，其實就是從平凡的生活小事參悟人生的大道理。即使再複雜再花稍的茶道，其本質也無非是『燒水沏茶』而已，這才為茶之本，茶道的本質也是要從那些瑣碎的微不足道的平凡生活的小事裡感悟到宇宙的奧秘和人生的哲理。禪亦如此。

關於『放』我覺得可以這樣理解。當人們想要品茶時，總要放下一些事，放下手頭的工作，放鬆自己的心情，靜靜地品嘗茶的甘苦和清香，這也算是偷得浮生半日閒吧！而修習佛法則要學會放下。佛祖告訴我們，人類的苦惱歸根結底就是因為『放不下』，放不下名放不下利放不下身外一切事，才因此有了諸多煩惱。如果學會『放下』，內六根，外六塵，中六識，這十八界都要放下，那麼人自然會輕鬆無比，無煩無惱，再看世界時便如同多了慧眼，天藍海碧、山清水秀、風和日麗了。

大多數人泡茶都用熱水，講究的茶道更須拿捏好水的軟硬和溫度，然而流傳下來的茶諺裡偏偏有一條叫冷水泡茶慢慢濃，也叫冷水泡茶慢慢香。這句茶諺對於南方江浙一帶的人來說也許並不陌生，但由南至北傳遞過來時，則讓很多人產生了誤解和分歧。我的一位弟子就曾問過我這樣的問題，他說他真的用冷水泡過茶，但根本沒有喝到平時所能體會到的茶香，就更別提領悟那『慢慢濃』和『慢慢香』的意境了。我倒覺得這樣的茶諺不能只看字面的意思，而應該深入地理解這句話的內涵。雖然我們都用熱水沏茶，但真正入口時，水必然已經稍涼了，這種涼並非冰冷，只是我們人體能夠接受的一種溫度，這溫度相對於沏茶的水溫當然是冷的。而且，在沸水沏茶之後，茶香四溢之時也是水溫慢慢下降的過程。從這些來看，『冷水泡茶慢慢濃』並非謬傳，只是個人的理解不同。我還聽說有人專喜歡喝冷茶，或把茶溫降至冷飲的溫度，說是喝起來更能解渴，也更能深刻地體會茶香。

我不知道自己的這種理解與那茶諺的本意是否相合，但我覺得，無論是用冷水還是熱水泡茶，慢慢濃和慢慢香的過程總是一定的，而這慢慢濃的過程大約也是要人慢慢地體會才感受得到的吧！

（五）

有人說，只要平心靜氣細細品茶，茶與佛的相通便近在咫尺，甚至可以水乳相融。也有人這樣來形容茶與禪的關係——品茶是參禪的前奏，參禪是品茶的目的。

曾有一首〈茶壺詩〉這樣寫道：『心也可以清，清心也可以，以清心也可，可以清心也。』其實，無論是品茶還是參禪，都需要靜思細品，茶道就是通過茶事、品茶，營造出一種寧靜的氛圍，當身心都沈浸在旁無一物的空靈境界，才有可能達到反觀自我、明心見性的無上境界，人的心靈也會隨之在虛靜中得到昇華和淨化。從這點來看，『靜』的確是品茶與參禪的至要，古往今來，中國的儒家主靜，道家主靜，佛教更主靜，單此一點，便可知那茶禪一味的根源了。或許，能夠從品茶中洞察生命的奧秘，體悟佛禪的真諦，這才是茶和茶道真正希望世人參悟的根本。

只是這單有『靜』的品味，似乎還少了點輔助的要素，品茶時尚須慢慢體會，慢慢品嘗，就拿如今人們的婚姻來說，本應是一個慢慢濃慢慢香的過程，須細細品味其中的酸甜苦辣，可是很多現代人卻非要速戰速決，不但在一見鍾情的促使下迅速地走入結婚的殿堂，同時又鬼使神差地立刻離婚，視婚姻為兒戲，視誓言為廢話練習，所有關於地老天荒海枯石爛的情愛只不過虛設般地存在於別處而已，與己無關。聽說哪位明星上午剛剛舉行了婚禮，下午便離了婚的消息時，我的心裡便常常湧出『冷水泡茶慢慢濃』這句話，不知道他們是否知道這句茶諺，是否知道有些事、有些感情也應當如同喝茶一般，需要有個慢慢濃的過程，然後才能體會那慢慢浸泡出的冷香。

茶禪一味，一杯茶，從不同的角度看有不同的體會，如同從不同的角度去聞也會有遠近不同的香氣一樣。同樣是那注滿水的茶杯的故事，有人從中看到滿滿的水，有人看到滿杯的茶，也有人可以從中看到『空』。

從這點來說，參禪也是如此。俗話說得好，心急吃不了熱豆腐，如果一心只想迅速地求成，修習佛法之初便想走成佛的捷徑，我可以很肯定地告訴這樣的人，修習佛法、參禪悟道是沒有捷徑可言的，必須腳踏實地一步一步地修習佛法，才有可能得正法成正果。正所謂冷水泡茶慢慢濃，茶禪本一味，悟者得先嚐。

PART 7

捨得和放下

拜佛怎麼拜？

這些年我曾拜訪過很多寺院，看到很多虔誠的信徒進行佈施、許願還願的活動。但是，我總有些憂慮，我知道這些人中很大一部分是不懂佛教的歷史和常識，他們往往遇佛便拜，恨不得拜遍所有的佛，以求得佛的護佑。

更讓我感嘆的是大多數世俗人，都對釋迦牟尼和觀音菩薩感興趣，認為他們的法力無邊，而對其他的佛或者菩薩就不太了解。

這可能是佛教在日常生活中被世俗化而形成的現象，對於這一點，我是十分理解的。畢竟，對於沒有經過佛教知識學習的人來說，從一些普及的書籍、影視作品中，或在流傳的觀念中，對佛陀和觀音的了解更為方便一些。

但是，俗家人也確實應該了解一些佛教的知識。在藏傳佛教中，常見的佛有三世佛，也就是過去佛燃燈佛，現世佛釋迦牟尼和未來佛彌勒佛。除了三世佛外，還有三方佛，也就是東方藥師佛，西方極樂世界的首尊阿彌陀佛，還有娑婆世界的教主釋迦牟尼。

如果眾生祈求除去病痛，當然是向藥師佛許願，如若祈求長壽，可以拜阿彌陀佛，他是長壽佛。

觀世音菩薩是阿彌陀佛的左肋侍，佛經中說，觀音菩薩有三十二種變化，化身也多，所以人們大多拜他是有一定道理的。

我曾對很多向我求教佛法的信徒說，如果不是在上師的引導下修持，僅僅是為了祈求平安和佛法的護佑，那麼，在家中供奉一尊佛即可，只要經常供奉，就可以了。還有，很多人每到一座寺院，無論哪種佛像都要朝拜。禮敬每尊佛固然是好，但是，在拜佛的時候，一定要發願，不只是為自己發願，還要為眾生發願，讓佛知道你的願心。

（外一篇）

我的一個北京的朋友來看我，還帶來了他的孩子。他的來意是，讓我給這個孩子做一做智慧灌頂，希望對他的學習能好一些。

我笑了，經常會有這樣的人要求我做這樣的事的。

我問那個孩子：『小朋友，你信仰佛教嗎？』

小孩子有點猶豫，看了看他的父親，說：『信啊。』

我明知道他不信。漢族地區的孩子和我們那裡的不同。藏傳佛教地區，大多數人是從小就受佛教影響的，或者，從小就皈依了佛門，對佛的信仰是終身的。但是漢族地區的人不同，大多數是中年左右才逐漸有了佛教的信仰，至於皈依，那就有可能更晚了。

我對我的朋友說：『你的孩子真的信佛教嗎？』

朋友有些不好意思，好像在為他冒昧的請求感到不好意思，他說：『我只是覺得做一做也許能好些。』

我對他說：『佛教中說的智慧不是你想的智慧，更不是聰明不聰明，不要以為做了智慧灌頂人就會有了世俗意義的智慧，就比平常人聰明很多。如果你這樣想，說明你也不懂佛教。』

我的朋友突然明白了什麼似的，十分嚴肅地雙手合十，恭敬地說：『師父，我懂了。』

我經常會遇到類似的請求，但我不回絕，只是一定要告訴對方，不要把佛教的法門想得太世俗化了，更不要想得迷信了。

如果真想做佛教的法事，那麼，首先你一定要是個信仰佛教的人，如果不信，或者是為了自己的利益短暫地信那麼一會兒，我的建議是最好要先學習一些佛教的基本常識和基本儀軌，對佛教有了一定的理解之後，在做法事的過程中，才會發願，才更深刻地理解佛教法事的意義和作用。

現在的確有很多人，在做法事之前，想的是對自己的私利，比如，家裡有老人去世，請佛門弟子誦經超渡，其實他們全家都未必信佛，只是做做樣子罷了。當然，很多年輕人還沒有信仰佛教，甚至在內心中也沒有什麼宗教信仰，出於對老人的懷念，做一做法事。

在這個過程中，即使對佛教不了解，想一想父母對自己的付出，想一想天下父母，哪一個不是含辛茹苦地幾十年，為了孩子，省吃儉用，操勞一輩子，直到去世之前，還無時不在惦記自己在故去後，孩子生活得會不會好，做錯的事情會不會改過……

其實，天下的父母都是這樣的，如果在給故去的父母做法事，不但要祈禱他們免受輪迴的苦，還要想到世上更多的父母，祝福他們生活得平安幸福，這樣的心，就是佛家的心。即使不信仰佛教，有了這顆心，做法事就非常有意義了。

這還是一種孝心在起作用。從佛法上看，孝心也可算一種佈施，這樣的法事我們做了也有一定的意義。

如果是信仰佛教的人，或專心修持的人，做一做法事又怎麼樣呢？

我想，做法事是有助於修持的，能在求佛的路上掃除障礙，能讓他更堅定、得正覺。

但是，法事可不能代替修持本身，也有很多在家修持的人，總以為活佛的一次灌頂就是走了捷徑，就能省去自己日後很多年的修持的苦，這種想法也是不對的。

修持是不能有人替代的，即使上師傳授了法門，即使上師進行了點撥，也只是對求佛有幫助，而不是指點捷徑，更不是世俗人心裡想的，讓活佛做一次法事，自己離成佛也就不遠了。這是不行的。

法事不能避免輪迴，不能代替修持，這樣想，已經是走入外道了。

（外二篇）

這幾天受馬來西亞的應先生的委託，陪著他的一個朋友遊覽五臺山。

應先生是我在馬來西亞弘法時結交的好朋友，對佛法有相當的研究，我以為他的這個朋友也一定會懂一些，誰知接觸了才知道並不是想像中那樣，而且還是位女性，讓我陪一位不懂佛法的女性朋友遊覽佛家勝地，也算是難為我吧。不過我又怎麼能拒絕呢？

五臺山是中國比較著名的佛家勝地之一，這裡幾乎集中了中國佛教所有宗派的寺廟，當然也包括在中原地區很少見的藏傳佛教。

一路上我都給她講解佛教的一些基礎知識，一時間她記不得那麼多，我只好揀些簡單易懂的說明，而且還選擇比較有故事性的跟她說說。

後來她對佛教產生了興趣，於是每到一處寺廟，每遇一尊佛都要跪拜。看她的樣子，顯得挺虔誠，不過倒讓我想起了一些其他的事來。

很多像她這樣的年輕人，對佛教知識了解得不多，往往拜佛的心就不那麼虔誠，表面上看是恭敬的，但是卻不得法。至於他們在心中向佛祈願的內容，也基本上是隨想隨說的。我想，很多人在默默地祈願時，心裡的詞都是改了又改，或者隨時增添了一些的。

這是大多數人拜佛時的情況吧。因為很多人並不是堅定的佛教信仰者，只是在遊覽佛教寺院的時候，才有了拜佛的想法，這也就真是『臨時抱佛腳』了。

這個我很理解，也不苛求每個人都是佛的信徒，但是，拜佛時一定要虔誠，不要跪拜在那裡，還胡思亂想，又想這個，又想那個，這就不好了。

而且，往往我會看到這樣的情景，跪拜的時候還顯得很虔誠、很恭敬，但一起身後，就有些不恭敬了，上香時隨隨便便，在寺院裡說話也不小心，很多不尊重佛的話也經常可以聽到，這又怎麼能算是真誠的呢？

現在佛教的勝地一般都是旅遊景點，這是很多因素造成的。對此，我覺得也有一定的好處，一方面是有利於人們的佈施，另一方面，也有利於更多的人了解佛教，在娛樂之餘認識佛教。

但也有不利的一方面。比如很多人是抱著遊覽玩耍的心態來參觀寺廟，大多數人對佛陀釋迦牟尼和觀世音菩薩比較恭敬，但對其他的佛和菩薩就不那麼敬重了，往往指手畫腳，亂發議論，不是說這個佛長得不好看啊，就是議論哪個佛比哪個佛功力高啊，或者將通俗小說和歷史傳說跟佛教混淆起來。比如一個很明顯的例子，一般的漢傳佛教的寺院前的『四大金剛』，都不被人重視，而很多羅漢的化身往往也是人們評論相貌的對象。

同時，有些遊覽區的導遊也是很不合格的，他們給遊客講述的佛學知識，結合了傳說和佛教故事，很容易造成混淆，讓大家誤解。

我在杭州靈隱寺曾遇到過這樣的一個情況，算是比較典型的吧。在靈隱寺中有個大殿裡，牆上用雕塑刻畫了佛的眾多弟子。而這面牆對普通遊客來講，的確是挺好玩的。

我聽身邊的導遊介紹，牆上有濟公、有孫悟空等等，引得遊客指手畫腳地尋找。其實，這些都是傳說故事罷了。

我很想奉勸那些遊覽寺院的人們，如果是遊玩，也要做到態度嚴肅，不能喧嘩、妄語，能在娛樂的同時了解一些佛教的知識，雖然僅僅是好聽的故事，也是收穫，也是娛樂身心。

如果想乘機會拜佛，則更要虔誠，不能跪拜在那裡，腦子裡還想著亂七八糟的離奇念頭。這是對佛家的尊重。對佛尊重的人，才是真正善良的人。

找誰開光？

和我比較熟的人，總會有一個請求，那就是請我為他們供奉的佛像或法器『開光』。甚至，有個弟子小心地將他供奉的佛像包好，請到我這裡來，對我說：『仁波切，我請求您再開一次光。』

我不理解他的意思。他接著說：『這尊佛像在請的時候開光過了，不過我覺得不太靈，您再開一次。』

我繼續問他：『開光過不就行了嗎，為什麼又要找我重新開光啊？』

弟子說：『您是仁波切，您的道行比別人高啊。』

這位弟子顯然並沒有理解『開光』的意義。在佛家的儀軌中，開光是很嚴肅的事情，需要對佛像裝藏，還要請很多的師父出席並一起誦經，有一定的儀式，一次開光法事通常要花很長的時間。而對佛像、法器、法物或者隨身物件進行誦經，在佛家中叫做

『加持』。很多不理解佛教的人，把這些法事統統稱為『開光』，這是不對的想法。

這位弟子還有另外一個問題更嚴重，那就是『開光是神通嗎』？

對於不理解開光意義的人，常常以為『開光』是法師在使『神通』，這不但比不理解『開光』的人還不理解佛法，而且，已經是迷信了。如果法師使了『神通』，佛像就有了『靈光』，那又何必去供奉佛像，每天還要辛苦地上香、去拜，直接供奉使『神通』的人不就好了嗎？

如果一個人的『神通』比你心中的那尊佛的神通都強大，那麼，信佛法有什麼意義？如果我們信的是『神通』，是使『神通』的人，那麼，我們不就是在相信迷信嗎？

『找誰開光』也是世俗佛教裡一個很普遍的問題。很多人在寺院裡請了佛像之後，總要問一問：『今天開光的是大師嗎？』言外之意，一定要找大師開光，如果是小師父就不考慮了。在佛學的領域裡，雖然有修為的高低，但是，『開光』並不是在使『神通』，不是使『神通』的人本領高，開光開得就好。

每一個給佛像『開光』、『加持』的僧人，在做法事的過程中，其本心都是一樣的，並沒有『神通』大小的區別。只要有了那個本心，『開光』和『加持』就有意義。

那麼，這個本心是什麼呢？就是在誦經的過程中，要一心一意地發願，為眾生發願，將自己的慈悲心融入到法事過程中。慈悲心是非常重要的，如果沒有在這個過程中發慈悲心，法事的意義就不大了。慈悲就是發願，讓眾生快樂，並免受苦難的糾纏。當法師將慈悲心融入法事過程時，佛像、法器也就具備了慈悲心，時時提醒人們以善良、平等的心態對待生活中的人和事。

任何佛家的法事儀式，絕對不在那些形式。但是在逐漸世俗化的佛教中，有很多東西被人誤解、被人迷信化，比如在拜佛、開光、念佛等等世俗化的佛家修持方式中，都有這樣的問題。清除錯誤的觀念，其根本還在於理解佛法，而不是片面地去追求世俗做法。這一點，是修持佛法最關鍵的地方。

你眞的會念佛嗎？

很多人念了一輩子佛，挺刻苦，也自認為很虔誠，卻沒感覺有什麼效果，難免就有了疑問：『我念了一輩子佛，佛怎麼沒讓我覺得解脫呢？』

其中的一個原因是不會念佛，或者說，念佛的方法不對。

念佛不就是口中念『南無阿彌陀佛』或者六字真言『唵、嘛、呢、叭、彌、吽』嗎？但這只是口中念，更重要的是要心中念。

心中念，就是要求佛門的弟子，在念佛的過程中，為眾生發願，既不能心不在焉地念，也不能只是單一地為自己。所以很多大師都說過，念佛的關鍵在於心態。

念佛，口念有口念的好處，心念有心念的意義。比如說口中念六字真言，這六字是針對人的身體，利用人發音時的氣息，起到打開身體血脈的作用，因此經常念誦，具有保健作用。

這是口念的好處，但是，卻不是念佛的全部。如果我們只是想保健身體，花一輩子的時間去做口頭的鍛鍊，還不如直接做長跑、游泳等活動。念佛的目的，一是達到可以觀想佛的目的，讓我們能更快地入定，同時也時刻提醒，我們是在修持，而不是心不在焉。

很多人念佛真的是心不在焉，嘴巴上念，心裡卻想著別的事情。這種現象，在念佛初期會經常出現，但是，很多念佛念了好多年的人，也存在這樣的問題，說起來，他們念的僅僅是佛號，而不是佛了。

有一個笑話，經常在佛學的故事裡出現：有一天，一個修佛多年的媽媽在念佛，她兒子在旁邊搗亂，叫『媽媽』。媽媽問：『什麼事？等我念完佛。』過了一會兒，兒子又叫『媽媽』，媽媽有些惱了，呵斥了兒子一頓，轉身又去念佛。又過了一會兒，兒子還是叫媽媽，這回他媽媽火了，衝過來要揍兒子。兒子說：『我才叫妳三次，妳就煩了，妳叫佛那麼多次，佛早就煩了。』

我們可以看出來，那個媽媽念佛的時候完全只是口念，心裡並沒念，才會一直被兒子打擾，甚至動了肝火。這樣的念佛，與沒念有什麼區別呢？

那麼，念佛要念到什麼層次，才算心念呢？

第一步，口念與心念結合起來，在口念的時候，心裡想的不是那幾個字，而是佛，要將佛化入自己的內心。我們經常可以聽到修持的人說，他每天念佛二百遍，從不多，也不少，天天堅持。我在弘法的過程中，也有人告訴我，他每天念一句六字真言，手裡的念珠就撚一顆過去，他的念珠是有標記的，撚了一圈正好是一〇八遍。我很懷疑這樣的做法好不好？在念佛的過程中，心裡還在記掛著念了多少遍，不是一心二用嗎？這樣的心，不是有了雜念嗎？

修習心念，很困難，但也是很關鍵的一步。這一步，要做到心無雜念，念佛的時候，心裡想的完全是佛，是觀的境界，而不是身體舒服不舒服，旁邊的人在做什麼。

第二步，也就是心念完全可以自主的地步。這一步，有了第一步的基礎，很多人就可以在心中默念了，而且，一默念心就進入觀想，進入修持的境界。

這一步其實很容易。一個弟子曾和我談起他的修持感悟，說有一天他在家打坐，起來後才知道已經過了很長的時間。他的家人問他剛才想什麼了，他想了想，剛才打坐，什麼也沒想呀，就是心裡在念佛而已。剛開始的時候，是自己有意識地念的，過了一會兒，甚至感覺不到自己在念了。

這就是有進步了。

念佛是修持的一種方法，如果掌握了這種方法，對於修持更高的方法非常有用。真正能做到心念，則要修習觀想『真如法界』。這一關，說難也難，說簡單也簡單，完全靠念佛的基礎打得好不好。如果會念佛，也就是真正掌握了心念的法門，則可以很快地在心裡包含法界，讓心和法界融為一體，這時，就可以達到『真如法界』。修鍊到這一層次的人，可以在念佛的時候，感覺到自己與佛、與眾生合為一體，也就是《華嚴經》裡形容的『心佛眾生，三無差別』。這個時候，可以品嘗到初悟佛學真諦的快樂、解脫。

但是如果念佛沒念到一定的層次，強求『真如法界』的境界，也是很危險的，甚至會走火入魔。

可能有人會說：如果不能保證自己念佛時心無雜念，那麼，是不是暫時不去念比較好呢？這就因噎廢食了。

念佛是一種功課，要有過程，也要有階段，不能因為它很難就心生畏懼，而是要去嘗試，在過程中去提升自己。就像任何一種學習，學不懂或者方法不對，或者學得慢，都不要緊，重要的是你在學。念佛也一樣，念了總比不念的好。

修持不是要你看破紅塵

很多小說中，描寫一個人決心出家修持時，便說他『六根清淨、看破紅塵』。而在生活中，往往有人受到挫折、困苦，想以消極的方式躲避世俗生活，也被人稱為『看破紅塵』。

久而久之，在大多數人的印象裡，『看破紅塵』成為皈依佛門的第一道門。這其實是大大的誤會。

在佛教經典中，根本就沒有『紅塵』二字。『紅塵』一詞最早出現在西漢班固寫的《西都賦》，裡面寫『紅塵四合，煙雲似海』，是描寫長安城的熱鬧景象。後來，『紅塵』這個詞就被比喻成都市生活的繁華。

這樣說來，所謂『看破紅塵』，也就是指從繁華的城市轉移到深山老林去。但是，將生活條件從繁華轉移到簡單，就可以安心求佛了嗎?我想這是大多數人的誤解，其實，只要求佛的心堅定，有耐心、有毅力，就是修持，當然，更重要的是求佛的方向不能走錯。如果能得到佛門弟子的開導、引領，那就是最好的機緣。

當然，佛門弟子在修持過程中，盡量做到生活簡單、遠離生活欲望的支配，有助於修持，這也是正確的。但是並沒有要求每個求佛的人都必須斷絕自己的世俗生活，好像條件越艱苦越能成佛，這是不對的。

我始終認為，『看破紅塵』是佛法世俗化過程中一個不正確的方向，一方面，佛經中並沒有對『紅塵』的認定，另一方面，我想是大多數人消極避世的一種方式。很多人『看破紅塵』之後，就不願意參與社會生活，甚至對身邊的人和事都有了態度上的轉變，比如原本很好的朋友，也不願意聯絡了。

這完全違背佛家的教義。佛家要求信徒們持戒，絕不是極端化的與世隔絕。從小處講，佛家要求人們通過修持，消除心中的某些邪念，其中涵義是遏制貪嗔癡等欲望的膨脹，盡力讓它不隨著世俗世界的一些誘因轉化成業果，而並不是要求完全消除欲望。

比如說，餓了要吃飯，這本身就是欲望，也是人的生理本能，佛門不會要求弟子不吃飯，而是要求弟子們不要貪圖享受口腹之欲。所以佛家教義的根本是不可能要求人們與世隔絕的，佛家要將眾生普渡到極樂世界，因此我們要求每個塵世中人都用善良、平等的心對待自己的生活，對待這個世界，讓每個人都能感受到佛法的真諦。

『看破紅塵』經常與『六根清淨』連起來用，其實，即使真正『看破紅塵』，也未必做得到『六根清淨』。佛法中所謂『六根』，指的是眼、耳、鼻、舌、身、意六種，它們相對應的欲望分別是色、聲、香、味、觸、法。佛法認為，凡是貪逐於物質的享受，就是六根不淨，只要是有了貪圖、捨不得的情形，就是六根不淨。所謂『六根清淨』，只是在戒律的保護下，守住六根，至於清淨，眾生是無論如何也不可能達到的。因為所謂『六根清淨』，是我們的生理官能不再隨著生活的一切幻象而變化，就比如，有人說什麼什麼肉好吃，『六根清淨』的人就不會受到誘惑，但他並不是不吃別的東西，不是連基本的生理需要都捨棄的。

你有菩薩心腸嗎？

很多人形容某個人善良、樂於幫助別人，都會說他是『菩薩心腸』。一般來說，能用來形容美好事物的詞，本身也是美好的。那麼，『菩薩心腸』也就說明了人們都認為菩薩是美好的，這也應該視為世俗中人對佛教的認同和肯定吧。

世俗中人所說的菩薩，一般都是指觀世音菩薩，因為祂在人們的意識裡是有求必應，是善良和法力的結合。在藏傳佛教中，觀世音菩薩也是藏民和信徒十分喜愛的菩薩，這不僅僅是在傳說中祂給人們留下了很好的印象，更主要的，是祂有三十二種化身，能夠出現在任何需要祂的場合，幫助人們解脫困苦。

每一個佛門弟子，如果都能像觀世音菩薩一樣，受到眾生的信任，那麼，佛法就會廣泛宏揚，引領更多的人走向極樂世界，免受輪迴之苦。

可是，我們佛門弟子又為什麼沒有像觀世音一樣呢？作為佛家弟子，能夠在任何時刻幫助信徒，不是我們的義務和光榮嗎？可是，大多數時候，佛門弟子只是在參悟佛法，而忘了將佛法普及眾生，或者，在普及佛法的時候，只是講佛家的道理、教義，卻不能讓對方理解，或讓對方感悟到佛法對心靈的啟示，感悟到佛法是可親的而不是晦澀的，是存在於生活的每一天的，而不是虛無飄渺的。

就像觀世音菩薩，為什麼那麼多人喜歡祂呢？是因為祂可親，讓眾人覺得祂好接近。我們佛家弟子，每個人都修持著菩提心，每個人都想普渡眾生，但是，我們缺少的是觀世音菩薩那種三十二種法身的變化，也就是說，我們總是以一種方式面對眾生，總是以講法為主，卻不注重用法感人。

菩薩心腸人人有，可是，能用菩薩心腸為世人做些善事的，畢竟是少數啊。我們佛門弟子，又何嘗不應該反省自己呢？

眞正的無悔不用問心

現代的人越來越愛說這樣的一句話：『問心無悔。』這是一種極高的境界，誰能真正做到問心無悔呢？

更多的人在說『無悔』的情境，是因為什麼事情做糟了，做壞了，或者，受到挫折和別人的批評，但是，在他的想法和做事的過程中，也是想做好的。

那麼，他的『無悔』又有什麼價值呢？對他來講，他是『無悔』了，因為他努力過，用此來平衡罪惡感。但對別人來說呢，卻不一定是這樣。很多人做錯事，牽累了很多人，使別人本來幸福的生活發生了變化，讓他們受到損失，這種個人的『無悔』，已經挽回不了更多人的損失，像這種『無悔』又有什麼價值呢？

我想很多人事情沒做好，不是他們不想做好，而是沒能力做好。如果真的如人所願，每一個人在事業、家庭中，所有的行為都是向著好的方向去努力，即使沒有好的結果，那麼他說『問心無悔』也就罷了。

可是，我所看到的常常不是這樣。有的人做事，是不顧及他人的需要和感受，用自己的意願強加給別人，認為這就是為對方好，認為這樣做對方能得到更多。當事情做壞了，他認為自己『問心無悔』。從表面上看來，他是『無悔』，因為他是想讓對方獲得利益，他是努力的，但是他沒有給對方快樂和平安，這種滿足自己意願的『無悔』，也是一種罪惡的心。

這樣的情況其實很多，在我接觸的人中，很多人都很不服氣地說：『如果當初他們都照我說的做，絕對不會這樣。反正我是問心無悔了。』這時我都笑著反問他們，『那麼，你怎麼不好好思考一下，他們為什麼不照你說的做？』

有佛緣的人、有智慧的人，聽了我的話會很快反應過來。但是，也有很多人反駁我，『他們沒看出我的意思啊』，或者說『他們沒有和我一個步調啊』，甚至還有很不尊重人的說法，『他們太笨啊』。總之，就是別人不願意與他合作。

我時常會說：『你在做事的過程中都沒讓他們快樂、安全，他們怎麼會相信你會給他們帶來更快樂、安全的結果呢？』

真的『無悔』，人的一生則是快樂圓滿的一生，但是，如果真的『無悔』，又何必去『問心』？又何必想到去『問心』呢？這一『問』之間，大多是遲疑的。真正的『無悔』，似乎連想一想的必要都沒有。

快樂永遠不是自私的，如果僅僅滿足了自己的快樂，而讓別人痛苦，那自己的快樂也不是永恆的。世事無常，一時一地的小快樂滿足的是欲望，而不是人心，終究會有更大的苦在現世回報。

很多說『問心無悔』的人，實際上是在給自己找藉口罷了，他們的『問心無悔』，是在滿足自私的快樂，而忘記了在朝自己的目標努力的過程中，要讓別人快樂。

只有脫離輪迴才不苦

求名逐利，是世俗中人生活不可缺少的一面，這不是否認每個人還有道德情操高尚的一面。如果將名利心視為洪水猛獸，覺得一談起來就是道德水準不高，就意味著追求名利是追求不高尚的東西，這也不是正確的態度。

佛家認為每個人的行為都有善因，也都有惡因，佛家就是用修持方法抑制自己的惡因，不讓它形成惡果。我也認為每個人都有名利心，但我的態度是，有則有之，只不過應該要用自己的善心、用社會普遍的道德標準和行為準則去衡量它，去檢驗它，不讓它膨脹到危害自己、危害他人、危害社會的地步。如果名利心發展為『利慾薰心』就是過於膨脹了。

佛門中人，不求名不逐利，只在清貧的環境中修持，即使是生活中一些基本的欲望，比如聲、色、飲食等等也要戒。看起來，佛門中人與『名利』二字無緣，但是說來也奇怪，我們本沒有金錢，即使購置佛學資料和法事用品的錢所需不多，但卻有大量的信徒佈施；我們本不想在世俗社會中得到羨慕恭敬的對待，但是卻有大量的人崇敬我們，視我們為佛的化身，

而在世俗社會中，那麼多人每天費盡心思，想要賺更多的錢，或者提高自己的社會地位，幻想自己受到更多的人敬重，但這種敬重，是『一呼百應』、『受人吹捧』之類的私心在作怪，是在滿足自己身邊全是掌聲的夢想。

對佛門弟子來說，我們雖然在盡力避免世俗社會中一切幻象的干擾，盡力讓所有貪念、享樂的誘惑遠離，但是，卻往往不能得到安靜的修持環境，總有各種各樣的人用言語來動搖我們，或者以各種各樣的事來讓我們困惑。就像我們沒有名利之心，卻總有意想不到的名利撲面而來，更多的是當名利圍繞在我們身邊時，心中的不安便多了很多，有時是害怕自己修持的心從此變得不堅定，有時是害怕自己進入一種被世俗包圍的生活而形成習慣，有時擔心自己會被名利心左右。

這是佛門弟子的苦。總有逆境、誘惑去動搖你，雖然這是修持中必不可少的業障，雖然這往往能幫助修持，但總是苦。

而世俗之人每日都在思索怎麼能名利雙收，可是，又有多少人真的做到了？越是想求，越是得不到，每日被欲望支配控制而感到心煩意亂，佛家說，人生八苦，這就是其中的『求不得苦』。

其實，即使求到了，就不苦嗎？就像很多名利雙收的人，連像平常人逛街、閒談的自由都沒有了，往往一走在路上，便被人圍住，不得已還要偽裝自己，或者，當著眾人的面，說話也要小心，所說的話經常也並不是自己想說的，那不是更苦嗎？

無論世俗中人，還是佛門中人，只要生活在輪迴中，就是苦。

不執著的眞義

佛教有兩大支柱，一個是慈悲，另一個是般若。第一個詞，即使不是佛教徒應該也很熟悉，在世俗社會裡，這個詞大多被認為是『善良』的意思。『般若』這個詞也很常見，但是很少有人知道它的意思，大概是因為這個詞是梵語的音譯，讓很多人覺得有些距離吧。

其實在佛教裡，『慈悲』包含著兩個意思，『慈』是使人快樂，『悲』是幫他人解除煩惱，如果簡單地理解為『善良』，雖然不是十分貼近但也可以。『般若』的意思是『智慧』。這個『智慧』不是世俗社會中理解的『聰明』，而是一個人能理解宇宙萬物，能洞察輪迴真諦的一種能力。

如何能讓自己達到『般若』的境界呢？那就要不偏執，也就是佛家所說的不執著。

佛家所說的執著又有被世俗化的意思，而且在這種世俗化的過程中，很容易讓人誤以為佛教是很消極的東西。其實，佛家所要求的不執著，是要求我們保持一種寧靜的心態，不要因為收穫而驕傲自滿，或者因為名譽、地位、物質的損失而感到喪氣，感到做什麼都沒有意思。

佛家講求的不執著，還有一點很容易讓人誤解，那就是要求人不強求結果，順其自然，於是有人因此變得消極沒有奮進力量。其實佛教中從來沒有這樣解釋過『執著』，而是要求人在寵辱不驚的前提下，行為是向上的，只不過，因為結果無法預料，所以即使不能得到自己希望的結果，也不要強求。因為世間萬物，都是有因有果，如果強求，不但得不到快樂，而且，這也是一個人的貪念、欲望在起破壞作用。

不懂佛教的人，總以為我們強調『不執著』，就是不求上進，就是隨遇而安。其實，這是妄說佛法了。比如，佛家弟子的修持是艱苦的，不僅要背誦大量的經文，而且，生活條件也確實是簡單，談不上享受。單單這一點，沒有毅力恆心，沒有執著向上的精神，誰又能做到？這種執著精神，比起各行各業中努力鑽研的專家學者，也是毫不遜色的吧。

但是，對我們來講，在研修佛法的時候，是不強求什麼的，我們的心態是平和、安靜的，不會因為在某一方面的修持和研究有了進展就沾沾自喜，也不會因為我們看不懂、理不清某一道理或法門而感到沮喪。我們只知道，學習和修持的過程，只要方向正確，只要我們盡力了，就離佛法的真諦更近一步，這已經就是更好的結果了。

世間的事情也是一樣，天下的錢不能賺到一個人的口袋裡，世間所有的美好的東西一個人一輩子也享受不完，天下所有的學問一個人也不能完全學會，如果能在追求的過程中得到快樂，也能夠用自己的行為幫別人解除煩惱，不就很好了嗎？

放下和放不下

世俗生活中，有得必有失，可是，大多數人都只想著得到了什麼，得了多少，得了有多好。而在失的時候，往往捨不得、放不下。

這和性格有關，心思重的人，想得多，放不下的也多。但是，更多人的『放下』，這並不是性格因素，而是心態造成的。他們總是想著如果『放下』了之後，生活會變得如何如何糟糕，似乎都是不好的後果。其實以佛家的看法來說，這是貪念，是錯誤的執著，是對享受的癡迷；在世俗社會裡，也認為這樣的人，是沒有什麼上進心，只會固守著自己已經得到的利益，而不去開拓。

『放下』真的會像想像中那樣，讓生活受到很大的損失嗎？其實『放下』了之後，會尋求到另一種寶貴的東西，會發現生活的空間更大了，世界更廣闊了，人生的境界更高了。這種『得』，與『放下』之後的『失』，哪一個更有意義呢？

『放下』這個詞在世俗中也被誤解了。很多人認為，佛家所說的『放下』，是什麼也不去做，什麼也不去想，什麼都是空，這就是大自在。也因此有很多人，皈依佛門的原因不是感悟到了佛法的精神，而是生活受到了挫折，覺得活著沒有什麼意思，於是想用一種消極的心態去生活、去面對人生。

這樣的求佛心態已經不對了。我們對待這樣的人，總要耐心地勸導，一是勸他收回消極避世的心，二是引導他走向積極的生活。佛家講『空』，但這種『空』是說一切都不是如常住的，一切都在變化，而不是一切都是沒意思，一切都不應該珍惜。

比如，我們求佛的心如果遇到逆境就放棄，這樣的『放下』就是消極，這樣的理解也是可笑的。我們要求的是不要被束縛，不要去計較，對一切事物認識清楚而不執著。不執著就沒有痛苦，就不受貪嗔癡的干擾，這才是真正的『放下』，才能達到心靜的境界。

讀經，不要主觀猜測

佛教經典在傳入中國時有一個特殊現象，那就是前代的翻譯大師們，借用了漢語的一些辭彙，代替佛教中的一些概念。因為如果不這樣，深不可測的佛教教義就不可能讓世俗人理解。

這樣做就產生了一個問題，那就是一個詞語可以代表兩個概念，一個是屬於世俗社會中約定俗成的，另一個是屬於佛家、不應該用世俗的概念去理解的。

而人在接觸一個陌生的概念時，往往會用容易理解的部分去猜測不容易理解的部分，所以，在佛教世俗化的過程中，難免讓很多人用漢語裡約定俗成的那部分意思去代替佛教中的概念了。

當然，是歷史上的佛法翻譯大師們將佛法帶到中國，並為佛法的普及奠定了基礎。

問題在於，在弘法的過程中，我們都很少意識到佛教和世俗社會中共用的某些詞中的兩個概念，是完全不同的兩個系統。

佛教大約在西元前後傳入漢族地區，到了三國、魏、晉時期得到了一次大的發展機會。但是，那時候中國漢地崇尚道家，很多人將道家的『無為』和佛教的一部分概念結合了起來，這種做法就成為了漢傳佛教禪宗的基礎。

而佛教進入藏地比佛教進入漢地要晚一些，大概在西元五世紀左右。藏傳佛教的一部分經典是從印度直接傳過來的，而且，在藏傳佛教的歷史上，各個時期都有過印度大師來傳教，也有很多人直接去印度留學、取經。

現在，大部分佛經的印度原本已經失傳，只有在西藏地區還能找到藏文譯本，這是在西元八世紀中後期，在吐蕃贊普赤松德贊的支援下翻譯的，現在，這已經是十分難得的歷史文獻，是研究印度歷史和佛教歷史的第一手材料。

所以有的佛教研究專家持這樣的觀點，即藏傳佛教可以說是佛教最完整、最系統的繼承者。而漢地佛教，因為在發展的過程中，受到很多方面的影響，已經產生了變化。

很多人誤以為藏傳佛教只學習密宗，和漢地佛教的顯宗是格格不入的，其實，這又是一個誤解。

在藏傳佛教地區，任何一個佛家弟子，學習密宗之前，都要學習顯宗，而且，對顯宗的學習也是非常全面。

在佛教流傳、發展的過程中，受到社會發展的影響，這是必然的，但是，在世俗化的發展中，也確實產生了一些對佛教的誤解。我們要做的，就是清除這些誤會，讓更多的人不要用世俗化的理解去領悟佛法，更不要自以為了解佛法而去妄語。

這在中國的歷史上已經有很多先例，比如很多古代詩人，作了一些所謂禪宗的詩，其實都是在玩一些文字上的遊戲，也就是我所說的，混淆了一個詞語中世俗和佛教的兩類概念。

我不是說藏傳佛教有多正宗，漢地佛教就不純粹。宗派的差別不是佛法的差別，而是人心的差別。我們所做的，應該是讓藏傳佛教和漢地佛教都有更大的發展，互相補充、互相借鑒。

這在歷史上也是有先例的，比如，在元朝忽必烈時代，藏文和漢文的《大藏經》

就進行過一次互相校勘，清理了一些翻譯上的誤會之後，又互相做了補充和修訂。我們佛門弟子，就應該在弘法的過程中，既要讓佛教知識簡單易懂、讓人接受，又要防止因為追求簡單化而造成的誤解，讓很多人不能正確理解佛法。

PART 8

煩惱即菩提

修心重於修行

『修行』二字，一在『修』，二在『行』，用修好的心去『行』，在『行』中還要時刻注意對心的『修』，這樣，才能讓自己的精神境界在提升的同時，也讓自己的行為感化眾生、解脫眾生苦難，而在行的過程中，也可以更好地體察世間的苦，讓自己在觀心的時候更加精進。

『修心』和『修行』是同時而且互相纏繞促進的，絕不能將兩者分離開來，比如，在『行』中沒有大慈悲心，或者在『行』中不注意檢視自己貪嗔癡三惡趣，這樣的修持會進步嗎？

但是，我為什麼說『修心重於修行』呢？這個『重』，不是先後順序，也不是指程度，那是什麼呢？

有很多弟子對我說，他們打坐的時候，往往不能打跏趺，腿怎麼也盤不上去，因此苦惱，認為這樣打坐的效果會打折扣。也有弟子每天打坐一個小時，用這段時間觀察自己的內心，但是，又常常被俗務干擾，以致這一個小時的時間不能全心投入，或者縮水。

類似這樣的事件很多，這些弟子的苦惱都是怕因為形式問題而不能達到修持的效果。如果在修持中還產生苦惱，那麼修持的效果也真的好不了。

以打坐為例，結跏趺坐有全跏和半跏兩種，佛經上說的結跏趺坐是指全跏，要將兩腳的足背都放在腿上打坐，放一隻，就是半跏了。結跏趺坐還有兩種，先用右腳壓在左腿上，手是左在上的，是降魔坐。先用左腳壓在右腿上，右手壓在左手上，這是吉祥坐。佛陀在菩提樹下成正覺時，腿是吉祥坐，手是降魔印。

我是從小就打坐的，剛開始打坐時，有很多奇異的現象發生，比如，我第一次就能很輕鬆地結跏趺坐。但是對於很多成年以後才皈依佛門的人，尤其是對很多俗家弟子來說，打坐還是有些困難。一方面，腿的骨骼已經成形，很多人都『扳不上去』；另一方面，很多人在打全跏之初，往往有一段時間，會覺得睏，也就是身子是打坐的姿勢，其實已經快睡著了。這一關被我們稱為『昏沈』，這時正念提不上去，進入『無明』狀態。即使這一關過去，還有『打妄想』一關。每一關都會讓人心念繁雜。

這個時候怎麼辦呢？

要知道，修持佛法的根本，是讓自己的心能通到佛的境界，用心去指導行為，共同通往西方淨土極樂世界。從這一點來說，我們就不要過於執著打坐的姿勢，那是形式問題。如果姿勢做得非常好，但是心思還是想著俗務，並沒有提起覺照，打坐又有什麼用處呢？

如果不能明白這一點，只執著於全跏或者半跏，並因此產生煩惱，那修持的效果又能怎麼樣呢？雖然結跏趺坐更有利於提起覺照，更能觀照到佛的真諦，但是，如果一直想著腿的疼痛，姿勢是不是正確，而時時不能發菩提心、念生死無常，這樣的修持就本末倒置了。

所以我說，修心比修行還重要。如果不能打全跏，那麼可以從半跏入手，如果因為身體的原因，比如殘疾、癱瘓等等，不能打半跏，也不要強求打坐，畢竟，有很多方式可以觀心。而能真正地修心，讓自己的心每天都得淨化，對佛法的領悟更多一些，這才是根本。

修持就在一點一滴中

對於修持，我覺得很多俗家弟子有時還存在誤解。一個弟子曾經很高興地對我說，他能打跏趺坐了。那時我很為他高興。但是，我也很擔心他只是在打坐的時候想一想佛法，觀照一下自己的內心，而在日常生活中，卻把修持的事統統忘掉了。

後來我一問，果然像我擔心的那樣。也就是說，他修佛是修佛，但並沒有時時檢省自己的內心和行為。他認為，每天晚上修一修佛，打打坐，就可以減輕自己在白天的世俗生活中所犯下的罪惡。

我反問他：『你先做了罪惡的事，晚上去洗刷它，第二天，你又做了錯事，那麼，這樣反覆下來，你修到什麼了？』

我想，很多在家修行的人，都有這樣的問題。

很多人說我是『時尚活佛』，的確，我的生活和當下很多年輕人一樣，我的生活裡也有很多流行、時尚的東西，但是，我在日常生活的每一點一滴中都非常注意修持。比如，我也上網聊天，碰到生活不如意的人，我就會用最淺顯的話來闡釋佛法，排解他們心中的煩惱，讓他們感悟到生活的無常，以更樂觀、向善的心去面對自己的生活。很多和我聊過天的人，都以為我是個生活經驗十分豐富的老人，當我說我還不到三十歲的時候，他們都會半開玩笑地說：『那你一定是個小和尚了。』

說這個例子主要是告訴大家，在世俗中，如果我們能以一個佛家弟子的心態去參與社會生活，我們就是在弘法，就是在修持。而我們接觸的人，也會受到佛法的指引。

如果我們只是在每天的一個短短的時間內打打坐、念念經，第二天依然我行我素，那麼，所修持的果不僅不能消除一天的罪惡，而且，這種修持完全可以說是擺樣子。如果我們將生活和修持聯繫在一起，就能在一點一滴中發現自己的貪嗔癡，然後一點一滴的修正自己，這樣的修持，效果不是更好嗎？

有這樣一個故事：

律宗的有源律師，一日向禪門的大珠慧海禪師開口請教：『您在修道時有無特殊的法門？』

大珠慧海禪師答道：『有啊！』
有源律師問：『能不能教我？』
大珠慧海禪師說：『肚子餓時吃飯，身體倦時睡覺。就是這些了。』
有源律師很驚異，問：『一般人的生活便是吃飯、睡覺，難道和禪師用功的法門相同？』
禪師答道：『常人吃飯，貪求口腹享受，若無法求得，心裡便有了嗔。終日追求富貴，到了晚上睡覺時仍是惦記著名利二字，又哪得安穩？我的修道法門就是簡單地吃飯睡覺，不想別的。』
吃飯、睡覺雖是人人都離不開的事，但又有多少人可以食能無憂，睡能無慮？禪師的飲食與睡眠一切順化自然，常人的飲食與睡眠卻處處充滿著欲望。雖是簡單的日常之事，其中所蘊涵的境界與道理卻值得我們深思。
所以，修持的效果好與不好，都在一點一滴的小事中，而不在你一天打坐多長時間裡。

當它來時就讓它來；當它走時就讓它走

我在印度佛學院求學的時候，那裡的上師講過一個關於修持的故事，對我的學習產生了很大的啟示作用。

有一次，印度僧人蘇諾那努力地學禪坐，雖然他很專心，但日復一日，卻似乎毫無進步。蘇諾那覺得他應該試著放鬆去學習，卻每次反而更加緊張，而且他越努力要專注、控制散亂的念頭，那些雜亂的念頭就越多，於是他就去請教佛陀。

佛陀對每個弟子的過往都非常清楚，蘇諾那在皈依前是個樂匠。

『你還記得你年輕未出家前是怎麼調西塔弦的嗎？』佛陀平靜地詢問，『什麼時候的音樂最美妙，是弦緊繃的時候呢？或是弦鬆弛的時候？』西塔是一種印度樂器，類似吉他。

『不能太緊張也不能太鬆，平衡永遠是最理想的。』蘇諾那說。

『修禪定正是如此，年輕的比丘，』佛陀宣說：『你必須調整心的鬆和緊，慢慢找出最適合你的情況。不要過分擔心進步的問題，持之以恆是成功的秘訣。練習，練習，還是練習！』

這個故事真有它的實際指導作用！

修禪定是佛門修行中一個並不算很高深的法門，是很基礎的練習，但是，對於初入佛門的弟子來說，這一關確實很難過。

大多數人剛剛坐禪時，還沒到觀心的地步，就已經累得不行了。其實，如果真的進入禪定的狀態，是不會累的。

對於修持得好的人來說，一入了禪定，就是物我兩忘，根本不會注意到身邊的動靜，也不會想著自己的事，心早已經與佛融為一體了。

那麼，為什麼有那麼多人『坐不住』呢？我想，最主要是因為心有雜念。

這個雜念分為兩種。第一種，是欲望的雜念，也就是說，身子是做出打坐的樣子，心裡卻還是想著世俗的事，還是擺脫不了貪嗔癡，或者，剛剛收心禪定了一會兒，心思又跑到塵世中去了。

另外一種，就是禪定的雜念，這與世俗欲望的雜念不同，是由於不得法，或者練習得不夠，所以造成的雜念。這種情況，也就是故事裡的那種。

很多人明白禪定時要專注、放鬆，讓心自由地和佛融為一體。可是，卻過於注重自己的感受，坐了一會兒就想『這樣是不是還不夠好』。當然，心是好的，可是，卻犯了禪定的大忌。

我覺得故事裡，有一句話說得最好：『你必須調整心的鬆和緊，慢慢地找出最適合你的情況。』每個人的身體狀況不同，領悟力也不同，我們的修持，一定不能按照教條。之前在弘法過程中曾發生一件事，我對弟子們說，我每天打坐兩個小時。之後，一位老年人找到我，『師父，我打坐這麼多年，時間卻越來越短，我擔心我坐不下來兩個小時呀。』

我問他：『你覺得以前打坐兩個小時，和現在打坐一個小時相比，哪個收穫大呢？』

他想了想，說：『現在的收穫大，以前打坐時總想雜事，所以時間雖然長，效果卻比不上現在。』

我說：『那麼你現在就打坐一個小時。』

他有些不解：『這怎麼行呢，我不能越修行時間越短啊。』

我繼續問他：『那麼，你再想想，現在打坐一個小時，和打坐兩個小時，哪個效果好？』

他又仔細地想了想，高高興興地去了。

其實，我早已經看出，這個老年人的身體已經不可能支撐兩個小時的打坐了，打坐一個小時，對他來講，收穫可能更大，時間長了，由於身體的虛弱，雜念就會出現，進而影響他的禪定。如果一個小時的效果就不錯，又何必非要強求效果不好的兩個小時呢？

所以說，排除雜念還是要根據自己的實際情況而行，比如身體的，精神的，耐力、毅力方面的因素，都要適合自己才行。對剛剛學習禪定的人，尤其重要。

關於禪定的修行，西藏施身法祖師瑪姬拉准曾有偈語，是以歌的形式出現：

只要安住於自然狀態中，爲何要在空中打結呢？

先鬆弛地上緊，

再鬆鬆地放寬——
不守於一切。
當它走時，就讓它走。
寬坦安住在你當下之中。

這就是禪定的最佳境界，雜念來了，就讓它來，它走了，就讓它走，不要去注意它，不要為它來而煩惱，要知道，當你煩惱的時候，又是另外一種雜念出現；它走的時候，也別興奮，也別想『它終於走了』，這也是雜念。

前面的故事中，佛陀還教我們，『不要過分擔心進步的問題，持之以恆是成功的秘訣。練習，練習，還是練習！』

這就是排除雜念的好方法。剛開始修習禪定的時候，沒有雜念是不可能的，我們只有不斷地練習才能很快地進入禪定，才能在禪定中正覺。

很多弟子對我說：『師父，我們遇到問題的時候，你總是鼓勵我們，也不教教我們好的法門。』

他們都以為，我一定有什麼獨特的修持方法，不願意傳給他們。

這話也說對了一半，一方面，密宗的確有些法門，是不能輕易傳授的，必須在顯宗修行到很高的程度後，才可以在上師的指導下修習。另一方面，佛經不是最好的修習法門嗎？就像這個關於禪定的故事，告訴了我們多少法門啊！

念經與打妄想

我曾經為幾位皈依的弟子，針對他們不同的個性和經歷，以及對佛學的了解、天賦，給了他們不同的念經文的方法，因此他們念經的法門並不是完全相同。但是，六字真言是必教的。

所謂六字真言，指唵、嘛、呢、叭、彌、吽。相傳六字真言的來歷要追溯到古佛教初入西藏時，由於古佛教的經書龐雜，很難為平民接受，為了更廣泛地弘揚佛法，便創了六字真言，教信徒誦念。藏傳佛教將這六字看成是一切經典的根源，循環往復不斷念誦，即能消災積德。六字真言，言簡意深，只要日積月累，反覆念誦，便能積無量之功德，可樂利今生，造福今生和來世。

六字真言在西藏幾乎是家喻戶曉，很多藏胞們認為勤於念經是修行悟道最重要的條件。通過看、聽六字真言，可以洗清身上的罪孽，所以西藏佛教寺廟的內外牆上及經輪上都刻有六字真言。人們一早醒來的首要大事是念六字真言；宗教有如空氣，是不可或缺的精神食糧，因此，不僅老年人把希望寄託在念經上，就是中年人、青年人也勤於念經，他們坐的時候經常念經，走路的時候不停地念經，甚至騎馬疾馳的時候也在念經。

然而修行了一段時間之後，很多人都會遇到這樣的問題：由於六字真言只有六個字，長期的念誦使得這六個字熟而又熟，往往在念經時易生妄念，嘴裡念著經，可心卻不知道跑哪兒去了。如果再教給他們新的經文，或是長一些、複雜一些的，念經時就不容易起妄念。

這就是我以前經常對弟子們說的一個道理：念一句簡單，容易起妄念；念經複雜，不容易起妄念。

因為只念一句，比較簡單，早就念熟了，不用仔細想也能一直念下去，就容易打妄想；但是複雜一些的，念了上句還要想下一句，或者是因為還不那麼熟，每每念經都要照著念，不停地考慮這句的意思，下句是什麼，意思如何，思維一直處於比較緊張的思考狀態，心一直在經文上，就不容易打妄想了。你打妄想，這個經就念不下去了，為了能念下去，總得看著念，就不容易打妄想。所以說數息觀能止住妄想，也就是這個道理。數息觀從一數到十，再數到二十，數到五十，數到一百，數到一千，要求不能數錯，你沒數錯，就沒打妄想。如果你剛數了五六又數回了五七八，那麼肯定打妄想了。

也正因此，我常教給弟子多一些的法門，每當以前的佛經念得較熟了，我便再教給他們新的，同時還要時常念著以前學過的，這樣，他們所學和所記的佛經就越來越多，同時也不那麼容易打妄想了。

但我還想提醒諸位修習佛經或將要學習佛經的人，佛學是一門博大精深的學問，為了學好它，在念經時不打妄想，就要時常思考佛經的深意和真意，這樣，才可能修成正果。

持之以恆，水滴石穿

我有個俗家的弟子平時因為做生意，免不了有些應酬，因此對於本應是每天的修行就成了三天捕魚兩天曬網。他曾問我，他每到一處勝地，只要有寺廟就會進去拜謁，可是為什麼在他需要佛祖給他一些指點和暗示的時候，他卻感覺不到佛祖的存在？

我很明白他的心境，其實許多人都和他一樣，平常不能持之以恆地修習佛法，但在自己迷惑或有困難時，卻希望得到佛祖的保佑。一旦覺得佛祖並沒有像自己想像中伸出援手，便對自己求佛的行為產生了疑惑。這種想法是人之常情，但也是片面的，存在著許多誤會佛法本意的地方，而這也正是他不能在求佛的修行中進步的一個重要原因。不只世事，佛學修行更得持之以恆，非得有水滴石穿的精神才有可能學到真知。否則，即使佛祖給了你暗示，你也照樣視而不見。

我們修習佛法到底是為了什麼？這其實是每一個人在準備修習佛法之前就應該反

覆問自己的一個重要問題。就如同古時候的人練功一樣，非得有正確的修練法門，否則就會走火入魔。求學求佛也是一樣，沒有正確的目的，端正的態度，必然容易走入外道，一旦走入外道，便很難回頭了。

雖然人們覺得自己對佛祖一直非常虔誠，念經、拜佛、逢寺必入，然而學習佛法必須持之以恆，三天打魚兩天曬網的方法永遠修習不到真正的佛法。

我這樣說，也許很多人會覺得委屈。

事實上，只要你認真反思自己到底是如何念經修習佛法，自然明白我為什麼這樣說。在茫茫的紅塵俗世中，誰能夠真正做到心無旁騖地誦經念佛？誰又真正地做到了持之以恆？誰能保證自己每天都能按時修習佛法？就算不能按時，誰又做到了應酬之後，仍能在休息之前把當天的功課認真完成？

很少。

能做到的人自然不會問這樣的問題，因為認真地修習佛法必然會給你大智慧。

一塊頑石，被一滴小水滴經年累月地滴落在同一個地方，到最後，那看起來最無力的力量卻可以把最有力的頑石滴穿！原因就在於水滴的鍥而不捨，持之以恆。

持之以恆很重要，不只是學習佛法如此，其他事情也一樣。半途而廢只會給自己帶來越來越多的悔恨，持之以恆才有可能助你到達成功的彼岸。

不小心破戒怎麼辦？

佛門弟子是要持戒的。經常有想皈依的人問我：『師父，佛門中有的戒我做不到，我是不是不能皈依？』甚至，有的在家修行的人也向我請教，『師父，我雖然皈依了，但總是不小心破了戒。』更有很多人，擔心自己不能持戒，所以遠離了佛法。

一定有很多人問：既然佛家那麼包容，為什麼還要有那麼多的清規戒律？也有一些修持的人也存在這樣的困擾，假設自己無意中破了一些戒，又該怎麼辦呢？

看過《水滸傳》的人都知道，魯智深在皈依的時候，心裡是不願意持戒的，比如殺生，他明知道自己守不住；再比如飲酒，他還要討價還價。

如果按照世俗人的理解，這樣的人是不能皈依的。但是，我們知道，他不但皈依了，而且，後來還修成了正果。

這個故事告訴我們，佛是以平等包容的心來接納每一個人，即使他在皈依前做過惡事，只要有心向佛，佛也是高興地接納，佛不會懷疑你不能持戒、或者責怪你皈依時的心不誠實。只要一個人在修持的過程中，做善事，修善心，善待眾生，這就好了。其實，我們也知道，魯智深在修行的過程中，既飲酒又殺生，但是，他的師父總是以佛的心態對待他，引領他，教導他。這不是一個關於持戒的很好的例子嗎？

佛家要求的持戒，對不一樣的修持人是有不一樣的要求，但是有些根本的戒律是一定要遵守。對我來講，從小的信仰告訴我，信仰的路是要用菩提心去修持的，雖然我也會去逛街、上酒吧、看電影等等，但是，我會在這樣的生活中用心去堅持信仰。因為我知道，生活中的種種都是幻象，而我們修持的心，是不能被幻想左右的。

但是，對很多修持時間短，或者在家修持的人來說，沒能很好地持戒也是在所難免，比如順手折花、順手殺死世俗世界裡所說的『害蟲』；或者，由於環境的因素或個人的因素，喝酒喝得大醉。我的俗家弟子裡，總有人很苦惱地對我說：『師父，昨天我如何如何了。』我知道他們很後悔，他們也意識到自己的惡行，我總是對他們說：『知道了就是好，這不就是修持嗎？』

道理就是這麼簡單。在修持的路上，總是有逆境的，當意識到自己沒有很好的修持，反省自身以求下一次改過，這就是進步了。我經常對弟子們，尤其是俗家的弟子們說，不要因為一時的破戒就懷疑自己求佛的心，當我們意識到自己的罪時，佛是高興的，是歡喜的。修持時間短的人，會不小心地犯錯誤，但我們要時刻反省，即使一時之間不能很好地持戒，也不要強求，這種強求，也可以視為貪念。

對破了戒的俗家弟子，我會告訴他們，知道錯就是更進了一步。當你總是在進步的時候，當你修持到一定程度的時候，你就會自覺地持戒。

心燈要自己點亮

關於修持的目的，我們有多少人是執迷的？

說起佛家的修持，我們都會說出一大堆結果來，比如讓自己解脫世俗煩惱、具有人生大智慧、脫離惡趣、給來世種下一個善因……等等。

這都是我們想像中的目的，可是，在修持的過程中，我們往往又困惑於其中：為什麼，我們越修持，越覺得離我們想達到的彼岸愈遠？

就像有弟子問我：『師父，我沒修持之前，雖然有煩惱，但做為一個普通人算是快樂的了。可是，修持了之後，越來越感覺人世間苦難那麼多，迷惑那麼多，而自己又沒有能力去解脫這些，慢慢地，反倒覺得快樂少了，困惑多了，這樣的修持，是我們想得到的解脫嗎？』

這真是修持路上的一個很有代表性、而且一定要解釋的問題。

我想做為世俗中的人，如果只是過一種普通人的日子，很多人也會滿足了。當然，他們有他們永遠無法解脫的苦難，而且，他們是很難看到這些苦難的。而對於我們修持的人呢，我們看到了苦難，知道這個世俗世界中苦難的來源，也知道這苦難給人世間造成了這麼多的傷害：殺戮、暴力、猜疑、感情傷害等等，讓生活變得不快樂，讓人不自由，讓人生困惑、迷惘。

所以，我們修持，通過佛的指引，嘗試解脫這個問題，也讓更多的人擺脫苦難。也正是在這個過程中，修持得越深，我們對苦難的理解越深，比如說，一開始，我們明白要在人與人的交往中，以善心善行對待他人，這是基礎的修行，因為我們看到的苦難無非就是人與人之間的猜忌、矛盾、不團結。後來，修持得深了，就明白在人性的弱點中，有很多是我們避免不了的。這怎麼辦呢？

我對提出這個問題的弟子說，可以將這個問題看為困惑，但是，這又何嘗不是智慧呢？這是通往大智慧的必由之路啊！

有這樣一個故事：德山禪師在未得道之前，跟著龍潭大師學習，但是，日復一日地誦經苦讀讓德山有些忍耐不住，有一天，他跟師父說：『我就像師父翼下正在孵化的一隻小雞，我真希望師父能從外面啄破蛋殼，讓我早一天破殼而出啊。』

德山禪師的意思就是，希望師父能夠教給他法門，參透誦經苦讀中產生的困惑。對於修持還沒達到一定層次的弟子來說，誦經的過程也真是夠苦的，產生對修持的困惑甚至是懷疑，也是正常的現象。

龍潭大師說：『被別人剝開蛋殼而生出來的小雞，沒有一隻能活下來。母雞的羽翼只是提供小雞成熟的環境。你突破不了自我，就永遠在殼裡待著吧，不要指望師父給你任何幫助。』

德山聽了之後，更加迷惘了。龍潭大師說：『天不早了，你回去吧。』這時天已經黑了，龍潭大師給了德山一支點燃的蠟燭。

可是，德山剛接過蠟燭要走，龍潭大師就一口氣將蠟燭吹滅。他對德山說：『即使我不吹滅蠟燭，你能保證在路上沒有風吹滅它嗎？』

德山搖了搖頭。龍潭大師又說：『如果你的心頭一片黑暗，那麼，什麼樣的蠟燭也無法將心照亮啊。只有點亮了心燈，天地才會一片光明。』

德山聽後，果然醍醐灌頂，後來修成一代大師。

修持的路上，有多少黑暗啊！即使我們念了那麼多經，做了那麼多善事，可是，越修持我們的煩惱越多，這是為什麼呢？就因為我們沒將心裡的那盞燈點亮。所以，我們在修持的路上，看到的全是黑暗，甚至，連修持本身，我們也開始懷疑了。

就像龍潭大師的那口氣，只不過是修持路上的一點點挫折，誰能保證沒有別的風呢？我們不能因為修持路上的逆境，將我們的蠟燭吹滅，就覺得灰心和懷疑，那是因為，我們的心裡沒點燈，我們還是和沒有修持的眾生一樣，摸著黑走路。所以，也難怪有的人嗔怪：修持也在摸黑，不修持也在摸黑，都是一樣的結果，為什麼還要點了蠟燭，照亮了路，又讓火滅了，空歡喜一場不說，反而比一開始就摸黑的人更不適應黑暗了。

這就是心燈沒有點燃的緣故。

我們點燃了心燈，就應該看到，雖然在修持的過程中，我們看到了更多、更深的苦難，而我們也真的沒有更大的能力去解脫，但是，畢竟我們用我們的力量，去嘗試過努力過，就比如我們曾照亮了一段路，讓摸著黑的人知道這裡有光明，這不是很好嗎？

就像在修持的過程中，雖然我們還不是很有智慧，也沒有更強大的力量，但是，我們曾用修持心得，去幫助過別人，為一些困惑的人們排除煩惱，讓對方感受到佛法，知道人間的苦難是可以擺脫的，這不就是我們為他人照亮的路嗎？

任何事物都是有兩面性的，我們不能因為越修持，見的苦難越多、越深，就以為還不如不修持的好，這樣的想法，是因為心是黑暗的，所以，看什麼都是黑暗的。試著點亮心燈，看看它曾經照亮過的別人的路，看看它為眾生做過什麼，這不就是我們修持所要追求的『果』？

修持要講究方法

很多人曾經問我：『仁波切，我們是不是每天打打坐，念念佛，就行了嗎？』對於最簡單的修持，這是可以的，有很多人，一輩子只念『阿彌陀佛』或六字真言，也可以覺悟正果。只不過，這只能避免他個人墮入六道輪迴，卻很少能幫助別人，讓更多的人得到大解脫。

我們不僅要渡自己，更重要的是渡別人，讓更多的人感悟佛法脫離惡趣。這時候，修持就一定要講求方法，因為我們做的不是個人的事，我們修持的程度是為了眾生。

很多人對佛法的認識並不正確，以為就是一個心靈寄託，所以，修持起來也不用心，想起來就打打坐，念念經，更多的時候想不起來，也就不在乎了。有的人甚至以為機緣巧合的時候，一下子就可以成佛，也就是他們以為的『頓悟』，因此並不在乎修持。

其實，所謂頓悟，是說佛離我們很近，我們都能在需要的時候，第一時間發現佛在我們身邊引領，但是，絕不是因為佛在我們身邊，就可以不注意修持。這個道理就像父母總是無怨無悔地在我們身邊，即使我們做錯了也總是原諒我們。但是我們不能因此就可以做讓他們傷心的事，就可以不在乎他們對我們的關愛。

求佛也一樣，不能因為佛在我們的身邊就不去求。而是，我們非但要求，還要求得更深，為眾生求。

所以說，修持的方法非常重要。只是念念經，打打坐，只能感受佛在身邊，終究不會知道佛法對眾生的意義。對修持方法的追尋，也是佛教歷史上一個很重要的發展里程，各門各派，雖然法是相同，但是，每個門派都有自己的方法，都在完善自己的方法。為什麼要完善它呢？就為了讓修持更有效率更精進。

佛教歷史上有個著名的故事：

馬祖是懷讓禪師的弟子，他整天盤腿靜坐，冥思苦想，希望能修成正果。懷讓禪師見了，順手拿起一塊磚頭，在一塊石頭上磨起來。馬祖感到很奇怪，問他在做什麼。

懷讓禪師說：『我想把磚磨成一面鏡子。』馬祖說：『磚本沒有光，怎麼能磨成一面鏡子呢？』懷讓禪師就說：『那麼，靜坐怎麼又能成佛呢？』馬祖徹底領悟。

『磚頭不能磨成鏡子』，說明不可能辦到的事情，即使再怎麼努力，也不能完成。古話說，只要功夫深，鐵棒磨成針。這正是佛家講因果的原因，鐵棒是因，針是果，磨的過程是機緣。

但是，磚和鏡子就是南轅北轍。

努力和成功固然有很大的關聯，但是努力和成功並不是一回事。努力是一種經過，而成功是一種結果，即使付出多大代價，也未必能有這個結果。可見，僅僅只憑努力是不夠的，還要用心去領悟，還需要經驗、技術等等。

我們要領悟的，不就是修持的方法嗎？有了這個方法，求佛的路就暢通，我們對佛法的理解就更深刻。這個方法，一是要讀佛經，這是必要也是根本；二是要有師父引領，一般人對佛經的理解是世俗化的，並不一定對，有時候囫圇吞棗、不求甚解，甚至按自己的意思理解，這是不行的。如果有機會，如果想對佛法的領悟精進一步，一定要有個師父引領。

心靜自然涼

又要到炎熱的夏季了。這時候如果沒有冷氣，很多人大概都很難挨。但我想說，其實沒有什麼不可忍受的，心靜自然涼。

雖然很多人只是把這句話做為一種安慰來使用，而多半還帶有一些自欺欺人的味道，實際上，這句話並不只是空談，而是有著很切實可行的實際意義，同時還帶有深刻的佛學含意。

很多人可能都有過類似的感受，當你安靜下來仔細思考事情的時候，根本意識不到身外的很多官能感受，對環境的冷熱也就不那麼敏感了。而從佛學角度來看，心靜自然涼指的是一種人道眾生的心態，一種面對生活時，在心靈最深層次所應有的意識。了解佛教的人經常聽到『三無』這種說法，三無就是無憂、無悔和無怨，就是指人們在生活中的生活態度。

『三無』描述了人們對於過去、現在和未來的生活時，所應持有的三種正確的態度，對過去的事情不必始終耿耿於懷，對現在的生活不致始終充滿抱怨，對未來的事情更不必杞人憂天。能夠無憂、無怨、無悔地生活，實在是一種幸福和圓滿的生活。

雖然人生在世，免不了會有諸多不如意，但是如果能做到無憂、無怨、無悔的話，不為無用的事發愁、擔憂，不讓自己的心為世俗的名利而糾結，放下對過去、現在、未來的掛礙，以感恩的心全力面對現在的每一個當下，以最真實的心態積極面對生活，這樣才會給生活中的憂愁減半，為快樂加分。無憂的心是輕鬆的，也是沒有壓力的，這樣的生活態度常使自己的精力比一般人多，解決生活中遇到的難題自然也比常人多出一份從容的智慧。

要真正做到『無憂、無怨、無悔』難度很高，哪怕只是要做到其中的一個似乎都很難保持長久。比如對自己過去所做的錯誤決定不後悔似乎就很難，而要毫無怨言地生活似乎更是困難。有人會說，真正做到三無是不是根本不可能？即使做到了『三無』會不會變成一種消極的生活態度？當然並非如此。當你看見身邊有一些人總是笑口常開或者精力旺盛，總能輕鬆地做好每件他想做到的事，而且還有很多精力來做其他的事情，這樣的人基本就做到了『三無』，即使不是如此，也是做到了其中的一兩條。不信你可以細心地觀察，是否真是這樣。

我們其實應該經常進行自我檢視和反省，自淨其意，把自己心裡的憂、怨和悔統統淨化、放下，以無憂、無怨和無悔之心去對待一切，這樣才能生活得更快樂。

心靜自然涼，你的心裡沒有那麼多的憂、怨、悔的心結，以樂觀、輕鬆的心態積極生活，又怎麼會因為天氣的炎熱而煩躁不安？即使大汗淋漓，依然以一顆平常心平靜面對，自然可以從中體會到常人體會不到的樂趣！

忘掉『我』，就忘掉『煩惱』

人生在世，似乎少不了遇到各種各樣的難題，每每遇到這樣的事，人們通常都會覺得很煩惱，心緒不寧。雖然煩惱的確不討人喜歡，但是有了煩惱就怨天尤人或是僅靠一時的忘記，並不能真正解決問題，重要的還是應該正視煩惱，想辦法解決問題，把讓人煩惱的事一一化解。

造成煩惱的基本原因，是過去所做的不善業存留在意識田裡的業習。因為無明、貪欲、嗔恨或其他煩惱的驅使，各種不同的習氣，亦即業的種子，都種植在心識中。一旦情況合適，這些種子便成熟，再次生起煩惱。如果能夠在遇難事也不煩惱，而是冷靜理智地解決問題的話，那麼煩惱就是你成佛的慧根和菩提了。

人一有了煩惱，心情就會受到影響，情緒不好，就會影響健康。古往今來，數數那些長壽的老人的養生秘笈，除了良好的生活習慣之外，比較重要的就是都有好情緒，煩惱很少。

曾有媒體訪問一百一十六歲人瑞的長壽秘訣，老人家就說：『長壽的秘訣就是不要煩惱，遇事要胸襟開闊。』

虛雲老和尚也是個長壽之人，一百二十歲時，身體還很健康。當人們問起為什麼很多出家人都很健康長壽的時候，他說那是因為出家人『斷煩惱故』。

看起來，煩惱本身沒有什麼可怕的，關鍵在於個人如何看待和處理那些可能讓人感到煩惱的事。

像前面說的那些長壽之人，他們共同的特點就是胸襟開闊，不把煩惱當煩惱，不在煩惱中死鑽牛角尖，心情開朗，情緒好，自然身體也跟著好起來。

要想把煩惱化解，我覺得還是應該從自身做起，在自身多下工夫，多看一些讓人情緒愉快的書籍，學會培養成一種開朗樂觀的個性，不要總是認為自己所遇到的困難是因為自己注定命運不好、運氣不好、環境不好、身體不好、健康不好、頭腦不好、周圍的人不好……

看待問題時怨天尤人，對於自身所存在的問題卻視而不見，從來不想很多事可能只是因為自己的某個行為做得不對而導致的，以為所有外部的條件變好了的時候，『我』的命運、生活就好了，其實這麼想是不對的。

甚至可能本來發生這樣的事是很正常的，但因為個人的想法太悲觀，以至於遇事就覺得是因為自己的命不好才會導致發生了這樣的事，因為是注定的，努力也沒用，只好在自我的悲嘆中煩惱著而毫無辦法。

煩惱是從心而生出的一種情緒，帶有很強的個人主觀色彩。有時候，發生一件事時，我們完全可以憑藉自己的能力來解決問題，或是借助他人的力量，也可以把所謂煩惱的事情解決；但有的時候，事情又不完全由個人決定，也不能為個人所左右，就像自然界存在著的自然規律一樣，當我們真的無法改變這件事的時候，我們只要做到我們能做的就可以了，完全用不著為此傷感或煩惱。

畢竟，人活一世，想要一輩子都能夠得到永久的幸福和快樂，那基本上是妄想，因為誰也逃離不了三界六道，而在此輪迴中，想永久的與煩惱絕緣，這是不可能的事，因為一個人若是徹底沒了煩惱，那他就不是人而成佛了，因為沒煩惱的眾生是諸佛，有煩惱的眾生是我們凡夫。

我們修習佛法的目的就是為獲得覺悟、消除煩惱與迷信。消除煩惱，首先就要認清煩惱心的特性或作用；其次，必須了解煩惱心生起的各種原因。關於此點，宗喀巴大師說明了助長煩惱生起的六項因素：一、業的習氣；二、外境；三、惡友的影響；四、依從錯誤的教導；五、習慣；六、錯誤的概念。

再進一步來說，凡夫要修行的話，還少不了需要煩惱，因為佛說，一切皆有因緣，有因才有果，所有的菩提都不是無中生有的。菩提實際上就是煩惱，把煩惱轉成菩提的修行就是修習佛法的重要一環。是煩惱促使我們修行解脫，從這個角度來說，煩惱也是一個人修行的最好因緣，而修行的實質，就是要把煩惱轉為菩提，從而得到永恆的大自在、大智慧、大安樂。

煩惱即菩提，並不是說我們為了得菩提而每天都浸在煩惱中，如果那樣就違背了我的本意了。

所謂煩惱與菩提間的關係，我們必須正確對待，並不是所有的煩惱都能變成菩提，就看你怎樣把煩惱轉為菩提了。對於修行人而言，我們可以通過檢查自己的煩惱是否減少，內心是否越來越充實、穩定，來判斷自己的修行是否進步。

當我們敞開內心時，我們可以看到很多真實的想法，可以真正拋開世間的一切情、欲等障礙來面對內心，那時我們可以知覺很多，從而可以清晰地看到事物的本質而非表象。這樣無論是對解決世俗的問題還是個人的修行，都極為有利。如果內心清淨，無所掛礙，那麼我們就可以證得菩提。所謂明心見性，就是這個道理。

一位資深的佛門中人就曾說過，如果我們凡事內心都繃得太緊，凡事都要格外冒出一些是非對錯的觀念來替一切言行『驗明正身』，這就是大煩惱。放不下『我』，捨不下『我』，自是煩惱多多。我，是一切煩惱的根源。我覺得這種說法就很有道理，佛陀曾說，我們所生活的世界是『欲界』，放不下『我』，其實還是被塵世中的俗事牽絆著，無法解脫，『修行就是為了放下，為了自在，為了智慧解脫』。

《維摩詰經》云：『一切塵勞，即如來種。』《中論》有云：『如來所有性，即是世間性。』只要我們加緊努力，創造條件，定能改善因果。煩惱在何處，修行就在何處。人生短暫，我們應該珍惜此一生，一切成功還是事在人為。誰都希望能『活』得更美滿，眾生都有一顆求取美滿和幸福的心，關鍵在遇到問題，尤其是困境時，千萬不要妄自菲薄，更不要與現實生活相隔離，應坦然面對自己的不良習氣和煩惱，只要我們堅持積攢善業功德，完善心性和人格，生活中自然會趨吉避凶，煩惱、壞毛病與不良習氣、行為便會日漸消滅。坦然面對一切惡果和逆境，堅信自己只要一心向善，不斷修正自己，一定就有成功的那一天。

佛經上說：『無礙清淨慧，皆由禪定生。』相信那些明白了煩惱即是菩提的人自然會在修行的過程中得到無上菩提的巨大成就。

【代後記】

播種一個行動，收穫一種命運

試著做這一切，讓大家知道，你在以善良、友愛、平等的心，去關愛他們，也在關愛這個世界。這時，你會發現，身邊是微笑，是陽光……

信仰要靠我們去實踐，修持要靠我們在入世中精進，人格要靠我們在行動中完善和提升……

我們想要創造的種種美好，都要我們去付諸行動。如果每個人都在行動，我們的人生，我們的世界，才有可能平安、幸福。

試著給陌生人一個微笑，讓他知道我們會無私地幫助他，讓他知道世界上善良的人永遠在他的身邊，那麼，他也會給你一個微笑。這時，你會發現，陌生人的善意離自己是那麼近……

試著給同事沖一杯咖啡，讓他知道我們不是事業上的競爭對手，而是團結、友善的夥伴，那麼，在事業發展的路途中，你會發現，總有一雙雙手在攙扶著你，一起奔向高峰……

試著給多年沒聯繫的朋友一個電話，告訴他事業上的打拚、生活中的坎坷和當年因為年少無知造成的小小的不愉快，永遠阻擋不了心中那份感情的蔓延。這時，你會發現，一根電話線，竟然可以越過時間和地域，牽起一生最寶貴的情感……

試著跟愛人說聲『對不起』，為昨天小小的傷害和誤解，也為多年來他的無私付出和默默的支持，讓他知道生活的路很艱難，我們已經學會了感激。這時，你會發現，當初的愛已經妝點了我們的斑斑白髮……

試著跟父母說聲『我愛你』，為過去多年他們的養育、教導，為他們的無上的包容、無言的期盼和無盡的希望；更為我們的不懂事、不理解，為我們兒時曾經的抱怨、憤恨，也為我們現在無法與他們吃頓飯、聊聊天而尋求的藉口。這時，你會發現，『我愛你』這三個字並不是那麼難於說出口，更不是當著情人的面表達的那麼浪漫……

試著跟『冤家』握一握手，讓他知道曾經的競爭、傷害、攻訐已經成為過去，我們已經原諒了他，取而代之的是善心、微笑。這時，你會發現，那是早已經等在那裡的一雙手，穿越了人間最頑固的隔閡，而那隔閡，曾經讓你的生活充滿了怨恨……

試著做這一切，讓大家知道，你在以善良、友愛、平等的心，去關愛他們，也在關愛這個世界。這時，你會發現，身邊是微笑，是陽光……

有一個心理學家、哲學家威廉・詹姆士說：『播下一個行動，你將收穫一種習慣；播下一種習慣，你將收穫一種性格；播下一種性格，你將收穫一種命運。』

附錄

藏傳佛教（密宗）簡介

佛教，是在我國東漢初年（西元六七年，漢明帝永平十年）開始由印度傳入中國的，經漢、三國、兩晉到南北朝進入興盛期，到隋唐時代進入鼎盛期，並形成了十大宗派——三論宗、華嚴宗、淨土宗、天臺宗、禪宗、律宗、密宗、唯識宗（即法相宗）、成實宗、俱舍宗，這其中，天臺宗和禪宗是中國佛教特有的宗派，但對後世的佛教發展起到了極為重要的影響。

藏傳佛教，即通過藏族語言傳播、以青藏高原為主要區域的佛教宗派，一般意義上，藏傳佛教即等同於密宗，其也被稱『瑜伽教』、『金剛乘』、『真言乘』等，是佛教的一個大乘宗派。

密宗依事理觀行，修習身、口、意三密，以此獲得成就，即『依諸佛、菩薩及上師的加持，修持一種能直下與佛果境界相應的瑜伽觀行，以達到「即身成佛」的修證結果』。密宗於西元七世紀中葉興起於印度，和漢地的其他大乘宗派一樣，也是以『上求佛道，下渡眾生』為宗旨，進而追求個人的終極圓滿——即身成佛。它的修持方法，一般來講是以持誦『真言』入手，以修『瑜伽禪定』為主。

傳統佛教認為，釋迦牟尼圓寂幾百年後（西元一五〇到二五〇年間），印度佛教中出了一位龍樹菩薩（另一說為龍猛菩薩），打開了佛陀留在南印度的一座鐵塔，取出了密宗的經典，從此密宗開始流傳。

藏傳佛教認為，釋迦牟尼佛一生說法的重點都是可以公開講說的，所以叫『顯教』，但他另有一套快速成佛的秘密修法，恐怕公佈出來後會驚世駭俗，所以直到圓寂也未公佈。他圓寂後的第八年，為了達成救世渡人的心願，決定傳授密法，因此，他化身為蓮花生大師（因生於蓮花之上而得名，被尊為密教教主），在中國唐太宗時代，進入西藏傳授密宗教法。這是八世紀中葉時的事。這一系傳承的密宗，後來被稱為『藏密』。

在藏傳佛教流傳發展的過程中，於八三八到八四二年間發生過一次比較大的『禁佛運動』。十一世紀，印度的阿底峽大師來到西藏，弘揚密教。他的弟子仲敦巴等，更是開創了藏傳佛教的『噶當』派。十五世紀，宗喀巴大師和他的弟子，開創了『格魯』

派，而且下傳『達賴』、『班禪』兩大活佛系統。

藏傳佛教概念解釋

活佛：這是藏傳佛教一種獨特的現象，『活佛』在密宗中有崇高而尊貴的宗教地位，但是，這個詞是漢地人的習慣稱呼，是非常不準確的，而是應該稱為『轉世尊者』。在藏語裡，對於『活佛』有很多種尊稱，最常用的有『喇嘛』、『珠古』、『仁波切』等，而其中，以『珠古』這一稱謂表達得最完美。

喇嘛：是藏文bla-ma的漢語音譯，本意為『上師』，含有『至高無上者』和『至尊導師』的意思。隨著『活佛轉世』體系的形成，『喇嘛』一詞也逐漸成為『轉世尊者』的另一個稱謂，意思是『活佛』是引導信徒走向成佛之路的『導師』。至於漢語裡將藏傳佛教的所有僧人都稱為『喇嘛』，是不對的。

珠古：是藏文sprul-sku的漢文音譯，意為『化身』。在大乘佛教中，佛有三身，即法身、報身和化身。藏傳佛教認為，一個有成就的修持者，圓寂後可以有無數化身，隨時顯現。因此，藏傳佛教認為『活佛』就是佛菩薩為普渡眾生而顯現的色身。所以，『珠古』即化身，是多種稱謂中最能表達『活佛』所蘊含的義理的唯一準確和全面的稱謂。

仁波切：藏語rin-po-che的漢文音譯，意思是『珍寶』或『寶貝』，是藏傳佛教地區對『活佛』最親切、最常用的一種尊稱。在對『活佛』的種種稱呼中，『仁波切』是唯一被普遍使用的一種稱呼。

藏傳佛教的宗派

藏傳佛教有五大教派，即寧瑪、噶當、噶舉、薩迦和格魯派，往下的分支有上百個。現在，就世俗的流傳而言，將格魯派稱為『黃教』，薩迦派稱為『花教』，噶舉派稱為『白教』，寧瑪派稱為『紅教』。

噶舉派：是藏傳佛教重要的宗派之一，開創人就是後弘期的高僧阿底峽。噶舉派重視密法的修持，『噶舉』是藏文bka-brgyud的漢文音譯，其中『噶』（bka）的本意是『佛語』或『佛陀的教法』，『brgyud』指『傳承』，所以，噶舉派要求必須通過『口授耳傳』的方式進行修持。

噶舉派有四個特點：一是分佈廣，西起阿裡，東至康區，全國藏族地區均有它的分佈；二是派系多；三是實力強，在長達兩個半世紀的時期內直接掌握過西藏地方政權，對西藏的政治、宗教產生過重大影響；四是在教法上重視密宗，但在顯宗也佔有一定地位。

噶舉派是藏傳佛教中支系最多的一大宗派，在歷史上，它曾經有十四支直系派別，分別是：香巴噶舉、達波噶舉、噶瑪噶舉、蔡巴噶舉、拔絨噶舉、帕主噶舉、止貢噶舉、達隆噶舉、周巴噶舉、雅桑噶舉、綽浦噶舉、秀賽噶舉、耶巴噶舉和瑪巴噶舉。

本書的作者就是止貢噶舉的珠古盛噶仁波切。

藏傳佛教活佛的派系府邸

在藏傳佛教各宗派中，分別產生了不同的活佛系統，而且每個活佛系統的稱謂都有自己特殊的因緣和象徵意義。每一個宗派的活佛，也都有自己的道場或府邸（駐錫地）。

澈贊法王：是藏傳佛教止貢噶舉派活佛系統的稱謂。止貢噶舉派創立於八百五十年前，過去止貢噶舉實修傳承，已不間斷地由三十五位證悟成就的法王所傳持。現今的法座持有者分別是：西藏的第三十六任法王宮求去吉納瓦（珍寶持法法顯，第八世瓊贊法王）與印度的第三十七任法王去赤列倫珠（持法事業任遠，第七世澈贊法王）。

止貢澈贊法王去赤列倫珠，是聖觀世音不忍眾生苦，回入婆娑度有情的殊勝化身。出生時為胎衣所覆，不染母血。他在嚴格的多重篩選下，從三百多位候選者中脫穎而出，被止貢攝政赤紮嘉拉天津土登（持法能仁勝教），第十五世噶瑪巴，達隆瑪楚仁波切，與西藏政府正式認證為第三十六任止貢法王宮去喜威羅卓（持法和慧）的轉世化身無誤。在澈贊法王的護佑與指導下，目前止貢噶舉派在西藏、四川、雲南、青海、印度、拉達克、尼泊爾各地，已修復、新建的寺院、佛學院與關房有一百多所，活佛、堪布、喇嘛、閉關修士極多。

達賴喇嘛：是藏傳佛教格魯派活佛系統的稱謂，『達賴』是蒙文音譯，意為『大海』。這個稱謂是歷代中央王朝授封的，一六五三年，清朝順治皇帝封第五世達賴喇嘛為『西天大善自在佛所領天下釋教普通瓦赤喇但喇達賴喇嘛』，從此達賴喇嘛這一活佛系統的稱謂被正式確定下來，成為藏傳佛教格魯派兩大活佛系統之中的一個尊號。

達賴喇嘛被藏傳佛教認定為觀世音菩薩的化身，現已轉世至第十四世達賴，其府邸或駐錫地為西藏拉薩市的布達拉宮和羅布林卡。

班禪額爾德尼：是藏傳佛教格魯派兩大活佛系統之一。西元一六四五年，蒙古和碩特部固始汗向第四世班禪羅桑確吉堅贊贈以『班禪博克多』尊號。『班』是梵文『班知達』的縮寫，意為通曉『五明學』（註釋）的大師級學者，『禪』是藏文『禪波』的縮寫，意為『大師』，『博克多』為蒙語，意為『睿智英武的人物』。從此，『班禪』成為這一活佛系統的稱謂。西元一七一三年，康熙皇帝授封第五世班禪羅桑益西為『班禪額爾德尼』，『額爾德尼』是滿文，意為『寶』。

班禪額爾德尼被藏傳佛教認定為無量光佛的化身，現已經轉世至第十一世，其府邸或駐錫地為西藏日喀則地區的札什倫布寺。

註釋：『五明學』，即語文學的『聲明』，工藝學的『工巧明』，醫藥學的『醫方明』，論理學的『因明』和宗教學的『內明』。

藏傳佛教還有貢唐活佛、章嘉活佛、哲布尊丹巴活佛、熱振活佛、多傑紮活佛、夏日冬活佛……等等。

國家圖書館出版品預行編目資料

信念改變我們的命運/盛噶仁波切(吉祥)著. -- 初版.
-- 臺北市：平安文化, 2007[民96]
面；公分. -- (平安叢書;第298種；藍色的心; 01)

ISBN 978-957-803-632-1(平裝)

1.佛教—修持

225.791　　96005091.

平安叢書第298種
藍色的心 01

信念改變我們的命運

作　　者—盛噶仁波切(吉祥)
發 行 人—平雲
出版發行—平安文化有限公司
台北市敦化北路120巷50號　電話◎02-27168888
郵撥帳號◎18420815號
香港星馬—皇冠出版社(香港)有限公司
總 代 理　香港灣仔告士打道88號19樓
電話◎2529-1778　傳真◎2527-0904
出版統籌—盧春旭
編務統籌—孟繁珍
美術設計—陳韋宏
行銷企劃—高慧珊
印　　務—林莉莉
校　　對—黃素芬・鮑秀珍・孟繁珍
著作完成日期—2006年
初版一刷日期—2007年4月

法律顧問—王惠光律師

讀者服務傳真專線◎02-27150507
皇冠文化集團網址◎www.crown.com.tw
電腦編號◎666001　ISBN◎978-957-803-632-1
Printed in Taiwan
本書定價◎新台幣360元/港幣120元